INSPÍRESE Y DESARROLLE UN
CORAZÓN CONFORME AL DE DIOS

LA
UNCIÓN
DE DAVID

REY MATOS

CASA
CREACIÓN
Para vivir la Palabra

Para vivir la Palabra

MANTÉNGANSE ALERTA;
PERMANEZCAN FIRMES EN LA FE;
SEAN VALIENTES Y FUERTES.
—1 CORINTIOS 16:13 (NVI)

La unción de David por Rey Matos
Publicado por Casa Creación
Miami, Florida
www.casacreacion.com
©2022 Derechos reservados

ISBN: 978-1-955682-53-4
E-book ISBN: 978-1-955682-54-1

Desarrollo editorial: *Grupo Nivel Uno, Inc.*
Adaptación de diseño interior y portada: *Grupo Nivel Uno, Inc.*

Impreso en Colombia

22 23 24 25 26 LBS 9 8 7 6 5 4 3 2 1

CONTENIDO

«Le he brindado mi ayuda
a un valiente;
al mejor hombre del pueblo
lo he exaltado».

—Salmos 89:19

INTRODUCCIÓN

En este mundo proliferan los grandes personajes cuya influencia ha trascendido los tiempos y las sazones. La historia de la humanidad exalta a figuras tan distinguidas como los filósofos de la antigua Grecia, Sakya, Egipto y otros lares; los guerreros y los césares del imperio romano, los grandes protagonistas de las diversas etapas que marcaron épocas e influyeron en el mundo con saberes que aún hoy perduran. Sin embargo, aparte de la Persona que dividió la historia en un antes y un después de él —a saber, Jesús de Nazaret, el único Hijo de Dios—, uno de los individuos más trascendentales en la historia bíblica y hasta en toda la del mundo antiguo —incluida la de nuestros días— es David, el hijo de Isaí, el rey de Jerusalén, la Ciudad Santa.

Desde su temprana juventud hasta el ocaso de su existencia, nuestro personaje —David— modeló el arquetipo de persona que Dios desea que seamos cada uno de sus hijos. En cuanto a ese expreso deseo de Dios al crear al hombre, en lo que respecta meramente a su condición terrena sobre todo, la aparición de David —en escena— dibujó al individuo que el Creador pretendió acabar de moldear en el jardín de Edén. Creo eso firmemente porque ni siquiera de Adán se dijo, en toda la Sagrada Palabra de Dios, que fuese una clase de persona como la que ideó la Deidad; aunque, por supuesto, ese era el propósito divino; y a pesar de que le preparó todo el escenario de la creación con las condiciones necesarias para lograr ese fin. De modo que solamente de David hablan las Santas Escrituras y afirman que era un hombre conforme al corazón de Dios (1 Samuel 13:14 y Hechos 13:22).

Debo decir que he pasado horas y horas examinando el desempeño de este gran ser humano, como pocos. Su vida, pasión y muerte hacen que en mí brote una diversidad de emociones que a veces creo no entender a plenitud —debido a las circunstancias que atravesó, los errores y desaciertos que cometió, las fallas morales que protagonizó así como también los triunfos que conquistó—; no obstante, todo ello me ha llevado a conocer al hombre que Dios mostró como modelo a seguir. Lo he estudiado durante varios años en mi vida cristiana y las conclusiones a las que he llegado son extraordinarias.

He analizado a este personaje hasta en los aspectos menos relevantes, en apariencia, y su importancia no deja de asombrarme cada vez que leo acerca de él en las Escrituras. La riqueza de información que he podido extraer de esta labor investigativa es inmensa —tanto que ha impactado mi vida de una manera especialmente grata—, sin embargo decidí enfocarme en un punto específico para obtener lo mejor del estudio realizado. Es por ello que esta exposición acerca de David se concreta a un hecho rotundo, radical e irrebatible: si queremos conocer lo que es un hombre conforme al corazón de Dios, tenemos que estudiar la vida de este siervo del Altísimo e imitar lo que lo caracterizó como tal.

En base a esas inquietudes, hace un tiempo comencé a exponer una serie de estudios acerca de la vida de David con el fin de equipar a los líderes, pastores y siervos de Dios que laboran en nuestro ministerio así como también para el liderazgo ministerial en general. En vista de la acogida que tuvo ese trabajo, hoy podemos plasmarlo en esta obra que usted tiene en sus manos. Ha sido una labor ardua e intensa, pero sé que valió la pena el esfuerzo ya que —en estos días en los que vivimos— necesitamos conocer al detalle los ejemplos que Dios nos muestra en su Palabra y —más aun— apegarnos a ellos en obediencia para que logremos llevar una vida cristiana ejemplar y victoriosa. Vale la pena reiterar que uno de esos ejemplos más meritorios es el que la Palabra de Dios nos enseña con la vida de David.

No obstante todo ese análisis e investigación me han llevado a hacer realidad la sugerencia que muchos me han hecho en cuanto a la redacción de esta obra. Por eso y por mucho más *La unción de David* es un libro que le llevará a seguir los pasos del *único hombre* del que se dice que era *conforme al corazón de Dios*. Frase que expresó el profeta Samuel, en el Antiguo Testamento, de la siguiente manera: «Jehová se ha buscado un varón conforme a su corazón, al cual Jehová ha designado para que sea príncipe sobre su pueblo» (1 Samuel 13:14 RVR1960) y que confirmó el apóstol, médico e historiador Lucas en el Nuevo Testamento cuando dijo: «Les levantó por rey a David, de quien dio también testimonio diciendo: He hallado a David hijo de Isaí, *varón conforme a mi corazón*, quien hará todo lo que yo quiero» (Hechos 13:22). De ninguna otra persona, en toda la Sagrada Escritura, se dice algo como eso.

Por eso es que el interés que tengo por llegar a ser esa clase de persona a la semejanza de Dios me llevó a escudriñar, en forma minuciosa, al David tradicional —que es admirado hasta el día de hoy en todo el mundo— con el fin de obtener y compartir las lecciones que sacamos de ese gran hombre que aun con sus errores, desaciertos y pecados logró alcanzar un concepto muy alto a los ojos de Dios. El estudio de David me enseña lecciones notables en cuanto a lo bueno y lo malo que podemos ser como individuos y —más importante aún— dicho estudio grabó con firmeza —en mi alma y en mi corazón— enseñanzas que moldean mi vida cristiana en una manera extraordinaria.

Investigar en la Palabra de Dios la verdadera vida de David —no solo la fantástica faceta del pastorcillo guerrero que con su honda y las piedrecitas venció a Goliat; el mismo que venció a las bestias que atacaban su rebaño y el que conquistó tantas victorias heroicas— me hizo conocer al tipo de persona que Dios quiere que cada uno de sus hijos sea. Así fue que me esforcé por dejar lo fascinante de su triunfo sobre el filisteo gigante, la grandiosidad y elocuencia de su verbo poético, lo maravilloso de su creación musical y la excelencia de su adoración a Dios para internarme en la existencia del débil ser que se ocultaba detrás de los grandes éxitos que protagonizaba como pastor de ovejas, guerrero, monarca y persona influyente que era y sigue siendo.

La verdad que descubrimos en cuanto a David, algunas veces, puede ser poco grata, compleja y hasta confusa. Cualquiera podría menospreciar la calidad humana de ese gran hombre que llegó a ser calificado como paradigma de la posición real que representó en su momento histórico y que ha trascendido hasta nuestros días. Sin embargo, descubrimos que vale la pena conocer a ese hombre modelo que narran las Sagradas Escrituras. Por eso deseo que usted lea, por supuesto; pero —más que eso— quiero que capte, aprenda y sepa con certeza la calidad de hombre que fue este siervo de Dios, lo cual —también anhelo muy profundamente— cambiará su perspectiva cristiana y moldeará su carácter como creyente.

Debo decir con franqueza que, en lo personal, no sabía si toleraría la oscuridad en la que tuve que internarme para encontrar la luz al final del túnel. Me sorprendió y me alegró mucho que, lejos de que les disgustara —a mis oyentes— saber quién fue el verdadero rey David, parecían no querer quedarse conociendo solamente el lado oscuro de la vida de ese gran hombre. Querían conocer al David conforme al corazón de Dios y anhelaban escuchar acerca de su pasión por el Todopoderoso y, sí, por qué pecó como lo hizo, por qué cometió actos tan horribles como los que protagonizó. Querían entender a David.

En lo particular, temía que si solo hacía ver los errores y las transgresiones de David lo descartarían como un simple fracasado. No obstante, capté lo que la audiencia parecía decir: «Este hombre, este antiguo rey, es alguien al que podemos escuchar. Esta es una voz relevante para nuestros tiempos turbulentos». No obstante temí que sintieran desafecto por las contradicciones existentes en la vida de David. Sin embargo, me impresionaron profundamente con su disposición. Y no solo eso, sino que además quedé gratamente sorprendido por las ansias que muestran por sumergirse en las profundidades y bucear en busca de preciosas e invaluables gemas en la vida de un hombre conforme al corazón de Dios.

A fin de mantenerme comprometido en la lucha con el objetivo planteado, decidí prepararme para realizar un mejor trabajo, consideraciones que presento fehacientemente en estas páginas. Entre tanto analizaba, repensaba e investigaba el tema, sentí la necesidad de adaptar el lenguaje a un modo narrativo entendible a la audiencia de hoy. Funcionó. A lo largo de los años, literalmente cientos de estudiantes me han pedido que haga lo que al fin hice: escribir este libro.

En vista de ello, opté por mantener la fluidez en el tiempo moviéndome a mi capricho y de forma bastante lingüística entre el presente, el pasado y el futuro, tal como se podría hacer relatando una historia en vez de escribir un libro de texto. Esta infracción, un tanto peculiar, de todo lo que aprendí en mi *Manual de estilo Strunk* —en la universidad—, puede resultar molesto para los puristas del idioma castellano. Sin embargo, lo que hago aquí no tiene que ver con gramática. Al contrario, trata con el verdadero Rey. Así que intente serenarse. A la misma vez, aprovecho la ocasión para sugerirle que lo mejor que puede hacer es que se prepare para aceptar y adoptar *La unción de David* como algo posible de alcanzar y, no solo eso sino además, como algo digno de modelar en su propia vida.

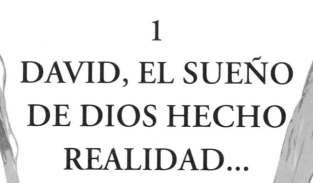

1

DAVID, EL SUEÑO DE DIOS HECHO REALIDAD...

Jehová se ha buscado un varón
conforme a su corazón.
—1 SAMUEL 13:14

El hombre es un ser en extremo complejo —esto lo reconocen todos— que surgió de la sencilla y espontánea creatividad de un Dios —esto no lo reconocen todos— que es simplemente extraordinario. Sin embargo, pese a esa complejidad, una de las características más relevantes que debe tener ese ser humano creado se encuentra en el primer capítulo del primer libro de la Biblia, concretamente en Génesis 1:26, donde se establece que el hombre es hecho conforme a la semejanza de Dios. Ese fue el deseo expreso de la Deidad al crearlo, por lo que lo instituyó en su Palabra con toda claridad. Por tanto, la meta de cada cristiano como creyente, como discípulo del Señor, debe ser llegar a tener un corazón parecido al de Dios; es decir, a semejanza del Todopoderoso. Ese, precisamente, es el caso que nos ocupa en esta obra. Analizaremos al individuo destacado como el mejor rey de la historia, el monarca más poderoso que ha tenido la nación de Israel; pero empezaremos por el principio.

David era el menor de los hijos que tuvo Isaí su padre: Eliab, Abinadab, Simea, Natanael, Radai, Ozem y David (1 Crónicas 2:13-15); pertenecía a la tribu de Judá y era bisnieto de la moabita Rut y el judío Booz. Nació en Belén, una ciudad a unos diez kilómetros al sur de Jerusalén. Fue pastor, profeta, salmista y, lo más importante aún, fue el monarca sobre cuyo imperio se instituyó el reinado del Mesías, un señorío eterno. Su personalidad está rodeada de muchos aspectos interesantes, por ejemplo, a David no solo la religión judía lo reconoce como baluarte de su sistema de creencias, sino que incluso los musulmanes también lo consideran un hombre esencial para la fe islámica, al igual que ocurre con el cristianismo. David es importante para las tres religiones que surgen de Abraham. No hay duda de que era un hombre extraordinario, pero lo más relevante es el solo hecho de que Dios dio testimonio de que era un hombre conforme al corazón divino. Por tanto, debemos enfocar nuestra oración —y nuestro accionar— en pedirle al Señor que nos conceda ser líderes como él y que nos otorgue un corazón como el suyo.

Ahora bien, es loable que deseemos desarrollar muchas habilidades como líderes. No obstante, lo que más necesitamos es poner en práctica la capacidad de adorar a Dios como la que tenía David. Para ello estudiamos sus inicios en el primer libro de Samuel, especialmente el capítulo 16. Y una de las cosas significativas que debemos destacar de este versículo es que el Espíritu Santo confirma a aquellos que han sido llamados y ungidos por Dios. El Espíritu Santo da testimonio de aquellos que son ordenados por el Señor al ministerio, lo cual es fundamental. La pregunta que surge aquí es ¿quién llamó a David? ¿Quién lo ungió para el ministerio? ¿Acaso le habló Dios y él se autoproclamó? ¿Quién lo ordenó? El profeta Samuel, enviado por Dios, ungió a David y, como fruto de esa unción, vino el Espíritu de Dios sobre él.

Una unción especial para un hombre no tan especial

Es interesante ver que los que podría suponerse que fuesen ungidos por el profeta enviado por Dios no lo fueron. ¿Por qué? Porque los primeros que aparecieron a desfilar ante el profeta y a quienes llamó Isaí —el padre de la familia—, fueron los hermanos mayores de David. Pienso que el padre de esos chicos creía, a todas luces, que la persona a la que el profeta buscaba debía estar entre esos hermanos que parecían ser los más adecuados para la elección. Pero ¿qué pasó? Sucedió algo impensable, ninguno de ellos fue escogido para ser rey de Israel.

El escenario se desarrolló con toda la familia... bueno, casi toda. El primer hijo de Isaí que Samuel vio fue Eliab. El profeta quedó impresionado al instante, al punto que dijo: «De cierto delante de Jehová está su ungido», en otras palabras: «Este es el hombre que vine a ungir». Creo que para Samuel, Eliab era el tipo que sería objeto de la unción que Dios había determinado que hiciera en su función de sacerdote. Pero el asombro del sacerdote, profeta y juez desapareció cuando oyó la respuesta audible de Jehová, que le indicó: «No mires a su parecer, ni a lo grande de su estatura, porque yo lo desecho; porque Jehová no mira lo que mira el hombre; pues el hombre mira lo que está delante de sus ojos, pero Jehová mira el corazón». Con ello, el profeta no tuvo otro remedio que seguir preguntando por algún otro hijo que tuviera Isaí. Lo asombroso de este caso, en particular, es que David era tan insignificante para su familia que su propio padre ni lo tomó en cuenta inicialmente para presentarlo ante el profeta.

Podemos resumir el asunto en que cada uno de los siete hijos mayores de Isaí desfilaron frente al profeta como si fuera una pasarela de personajes ideales entre los cuales iba a escoger al futuro soberano de Israel que sucedería a Saúl, el rey desechado por Dios. Aquello era un espectáculo asombroso de modelos varoniles. Hombres fornidos, de apariencia encantadora. Parecían guerreros de los ejércitos más poderosos de la época. Sin embargo, Samuel —al fin— tuvo que expresarse con la frase lapidaria que Dios le dictó y decirle a Isaí: «Jehová no ha elegido a estos». Aunque la

Biblia no lo dice, Isaí debe haberse quedado petrificado, tanto como el propio Samuel.

No obstante la razón de esa respuesta es precisa e inequívoca. Ninguno de ellos fue seleccionado porque «Jehová no mira lo que mira el hombre». Es que la visión de Dios es algo que no alcanzamos a entender, ni en su más mínima expresión, con nuestra limitada capacidad como seres humanos. Aquí cabe preguntar: ¿Qué habría visto usted? Veamos lo que hubiese hecho, en primer lugar. Usted habría considerado la estatura de cada uno de ellos, su fortaleza física, su edad, su estado civil, su experiencia en la guerra, su trayectoria administrativa, su habilidad para sortear dificultades, su capacidad para dirigir, sus ambiciones personales y muchas cosas más. Todas ellas muy válidas, cosas que vemos los seres humanos desde nuestra limitada perspectiva física.

Sin embargo, cuando Dios decide llamar a alguien y ungirlo al ministerio... señoras y señores... Dios hace cosas locas, chifladuras... digo yo. Insensateces... pues. ¿Qué capacidad podría tener David a esa tierna edad? Perdonen. No es que menosprecie a ese chico ni que le reste valor. Es que David era un simple muchacho. Eso es lo que pensaría cualquiera en una situación similar. ¿Qué más podría hacer aquel jovencito que arrear ovejas con su cayado? Como decimos en mi terruño: «La ignorancia es atrevida». No obstante podemos ver que, aun cuando fue ungido a esa temprana edad, la unción no cambió en nada su situación inmediata; al menos en apariencia, porque creo que en su espíritu debe haber generado grandes cualidades.

Es curioso ver, sin embargo, cuán poco sabemos acerca de lo que pasaba por la mente de aquel muchacho. No nos imaginamos cuántos cánticos sublimes le inspiró Dios en su faena diaria, ni mucho menos cuántos salmos surgieron de aquella creatividad pura y cándida que poseía aquel considerado frágil e indefenso pastorcillo. El salmo 23, por cierto, tiene que haber sido fruto de esa labor que muchos consideran irrelevante como lo es atender ovejas. Se asume que fue escrito por el rey David, quizás en su vejez y en un estado de ánimo reflexivo. El Salmo 23 podría haber sido escrito en reconocimiento a la guía y la influencia protectora de Dios a través de muchos de sus logros, incluida la derrota de Goliat con nada más que una honda y cinco piedras, sugiere James Burton Coffman. En referencia a ello, Charles Spurgeon —reconocido como el príncipe de los predicadores— escribió una vez:

> «Este salmo fue escrito por David, probablemente cuando ya era rey, pero aun en esa posición poderosa no olvidaba ni se avergonzaba de su anterior ocupación pastoril».

Ese es el hombre cuyo padre ni siquiera recordó que existía a la hora en que el profeta Samuel solicitó que le presentara a sus hijos. David no era nada especial para nadie en aquel momento, excepto para Jehová de los ejércitos. ¡Aleluya!

Ahora bien, volviendo al punto de la idoneidad de David para ejercer la posición real, debemos considerar que aun cuando tenía la capacidad de adorar a Dios con todo su corazón, en términos de otras habilidades que lo calificaran para ser el próximo rey de Israel, la lógica nos dice que potencialmente podría tener miles de cualidades pero, a esa tierna edad ninguna... pero eso era en referencia a lógica pura, humana... porque era demasiado chico. Sin embargo, señores, tenemos que meternos esto en la cabeza porque, una vez más, respecto a esta sorpresiva selección —para Samuel, para Isaí, para los hijos de este y para el propio David— Dios dijo que él no mira lo que miran los hombres. Él ve lo que, en verdad, es valioso. Lo que él ve es el corazón. Por tanto... si Jehová mira el corazón y yo tengo algo que alegar porque no concuerdo con el nombramiento que él hizo, lo que estoy manifestando es que no estoy de acuerdo con su actuar. Y todos tenemos el derecho a disentir de una ordenación al ministerio... pero no se nos puede olvidar que Jehová no mira lo que el hombre mira. Porque él ve el corazón, el interior del ser humano, lo más profundo de su creatura.

Es más, ¿quién de nosotros tiene suficiente capacidad para mirar el corazón de una persona? Nadie, por supuesto. Nadie la tiene. Por tanto, tenemos que ser cuidadosos al juzgar a alguien o cuando emitimos una opinión acerca de alguna persona. Debemos abstenernos de comentar, señalar o expresar nuestro desacuerdo si no lo sabemos hacer con cuidado y sin herir a otros. ¿Por qué debemos tener tanta agudeza? El propio David nos da una lección al respecto. Por ejemplo, cuando tuvo la oportunidad de matar a Saúl en la cueva donde este descansaba. Sus seguidores querían que acabara con la vida de Saúl, a lo que David respondió que jamás tocaría al ungido de Jehová. Y, aunque Saúl ya había sido desechado por Dios, David no quiso actuar contra él porque entendía que ese rey —así se comportara inadecuadamente— seguía siendo el ungido de Jehová.

En ese sentido, y perdónenme si parezco presumido, tengo algo que decir. En mis 47 años de experiencia pastoral,

¿qué no he observado yo? ¿Qué no he visto con dolor y tristeza? ¿Qué no he oído en estas casi cinco décadas? ¿Cuántas críticas contra ciertos hombres de Dios no he presenciado? Es más, no solo críticas, ¿cuántas calumnias horrorosas no he visto difundir por parte de algunos acerca de otros siervos de Dios? En todo ese tiempo, he visto personas que se levantan a reprochar nombramientos y a señalar sus desacuerdos por el ordenamiento de tal o cual ministro. ¡Señores! ¡Basta ya! ¡Dejémonos de andar al garete en nuestra vida espiritual! Seamos sensatos hasta con los que nos parezca insensateces divinas.

Que eso suceda en el campo de los trabajos seculares está bien, se entiende, hasta es comprensible desde el punto de vista humano; en esa esfera es natural que se cuestione todo, pero el sistema de pensamiento, de análisis y el método lógico que se emplea en la administración pública o en la de las agencias seculares no es para que lo implementemos en la iglesia. ¿Por qué? Porque Dios hace locuras, cosas que no tienen sentido para nosotros, insensateces pues. Pero, sobre todo —y por algo muy delicado que tiene consecuencias eternas—, porque podemos caer en las manos de un Dios airado a causa de la rebelión de sus siervos.

Hay muchas cosas que Dios hace que nos dejan estupefactos. Pero es que él es Dios y puede hacer lo que se le antoje. Sin embargo, los que tomamos decisiones debemos tener mucho cuidado puesto que tenemos que asegurarnos de que Dios nos está dirigiendo. Y que una locura que se me esté ocurriendo no se me ha ocurrido a mí, sino que se le ocurrió a Dios primero y él me la confirma. Pero tengo que estar seguro de que Dios es el que me está dirigiendo ¿por qué? Porque es una locura y, por tal cosa, sé que me van a juzgar. Pero ¿en qué debo basar mi certeza? Me baso en que esa locura que viene de Dios, en algún momento, va a dar fruto.

De modo que, para efectos nuestros que estamos de este lado de la eternidad —y me incluyo con ustedes, por supuesto— tenemos que estar en paz, porque si confiamos en Dios, sabemos que él va a cambiar los muñequitos, como digo yo. Dios va a hacer las maravillas que le plazca. Como hizo con José, que por más que trataron de meterlo en una cárcel, atarlo a un cepo y ponerlo en el más profundo de los calabozos con tres puertas antes de la salida, cosas que hicieron al pie de la letra, terminó en el palacio del imperio egipcio siendo la mano derecha de Faraón.

Por eso el versículo 13 dice que «desde aquel día», ¿cuál día?, ¿en qué día fue ungido David por el profeta? Es algo que desconocemos, pero lo que sí sabemos es que la Palabra de Dios asevera que «desde aquel día en adelante el Espíritu de Jehová vino sobre David». Aquí es oportuno afirmar que cuando un individuo tiene un genuino llamado de Dios, va a seguir ese llamado; aunque Satanás trate de impedir que responda al mismo. No hay manera en que alguien pueda impedir el plan que Dios tiene con usted. Pero es importante que esperemos que las autoridades ministeriales que han de ordenarnos, confirmen y reconozcan el llamado que Dios nos ha hecho. Y como estamos totalmente ciertos de que andamos en lo correcto, Dios va a hacer valer su voluntad con nuestras vidas en el tiempo que considere apropiado. No me importa cuánta gente trate de impedirlo, no me interesa. No me preocupa lo que pase, lo crucial es que la voluntad de Dios se cumpla en mi vida. Punto.

¿Cómo, por qué razón hizo Dios todo eso? Bueno... esas son las cosas que Dios hace. El prototipo de persona que él busca es algo pertinente solo a Dios. Así que cuando nos choquen o nos perturben sucesos como esos, no asumamos la actitud que adoptaron los hermanos de David. Claro, ellos —naturalmente— tuvieron que odiar al muchacho. Tenían que detestarlo, no porque se lo mereciera, sino porque estaban consumidos por la envidia, por los celos, porque pensaban que se creía mejor que ellos. Pero perdonen que siga insistiendo, dispensen mi insistencia, a la luz de las Escrituras tenemos que respetar las decisiones que toman las autoridades instituidas por Dios para ordenar al ministerio a cualquier persona. Tenemos que respetarlas aunque nos parezca que violan toda lógica y todo sentido común. El apóstol Pablo dice, en Romanos 13, que toda persona debe someterse a las autoridades, lo cual no excluye a los creyentes. Y con ello se refiere a toda figura de autoridad, no solo a las civiles, sino también a las de la iglesia.

Por tanto, aunque para mí sea evidente que es probable que un ordenamiento o asignación ministerial se otorgue por favoritismo, amiguismo, política o por cualquier otro argumento, tenemos que estar conscientes de que Satanás nos va a meter en la cabeza muchas de esas ideas. Sin embargo, tenemos que ser muy cuidadosos porque de la misma manera —y con ese mismo tipo de argumentos—, fue que rechazaron al Mesías, ya que este no era lo que todo el mundo esperaba que fuera.

Así que, Dios nos somete a todos a ese tipo de dinámicas con el fin de separar, filtrar, discernir y escoger la gente con el corazón correcto. ¿Sabe él que va a provocar chichones, molestias o malos entendidos? Claro que lo sabe. Dios está consciente de que esas dinámicas que emplea con sus llamados pueden crear ronchas, él lo sabe. Pero lo permite deliberada e intencionadamente y lo hace a propósito. ¿Para qué? Porque este tipo de cosas provoca que los que tienen el corazón recto digan: «Dios no es loco, aunque lo parezca. No, no es un demente. Así que, calladito me veo más bonito. De modo que voy a orar por esto y a bendecir a este ungido. Aunque piense que es un inepto, voy a bendecirlo, puesto que al hacerlo asumo la actitud correcta, por lo que Dios se va a glorificar. Si yo no adopto la conducta apropiada, le estoy añadiendo leña al fuego y lo que voy a hacer es deteriorar más las cosas que ya están dañadas».

El ideal divino

El propio ser humano ideal —perfecto— que fue diseñado por Dios, destruyó lo que el Creador quería con su criatura en esencia. Dice el libro de Génesis (1:26) que lo hizo «a su imagen, conforme a su semejanza». Es decir, Dios creó a un ser perfecto para que fuera eso precisamente: perfecto. Y con ese fin hizo al hombre y, además, le dio a la mujer por compañera. Todo fue una obra excelente, perfecta, ideal. Dios, como buen detallista que es, hizo también el escenario perfecto para ese hombre perfecto. Insisto, todo era perfección. Pero, como dije al principio, el propio protagonista de esta aventura desfiguró el plan que Dios tuvo inicialmente con su creación. De allí que tras surgir el pecado —por la desobediencia del sujeto creado—, y romper la relación estrecha que Dios mantenía con el hombre, esta se dañó. Aquella imagen primera se desfiguró y la semejanza inicial concebida por el Creador se convirtió en disparidad total. Aquello era un cuadro absolutamente diferente del que pintó el Creador del mundo.

Dios, entonces, siguió trabajando con el ser humano para restablecer esa relación con su criatura. Y así fue estableciendo algunos pactos con el hombre para tratar de instaurar nuevamente esa imagen, esa semejanza y, por ende, la relación con su criatura. En el trayecto, Dios usó a muchos hombres que acogieron su plan y decidieron obedecerlo. Sin embargo, no es sino hasta que entra en escena el joven David que Dios lo identifica como un hombre conforme a su corazón. Dios vio en David lo que los hombres no pudieron siquiera percibir. David cubrió las expectativas de lo que Dios anhelaba con sus criaturas.

Ahora bien, sabemos que el prototipo de hombre conforme al corazón de Dios se manifiesta cuando es sometido a diversas pruebas, luchas y dificultades, como las que tuvo que enfrentar nuestro amigo David. Por tanto, esa clase de persona no se queja cuando llegan las vicisitudes ni cuestiona a Dios; al contrario, con toda humildad, se sujeta a los designios divinos consciente de que va en el camino correcto. Es el individuo que se presenta ante Dios con un corazón contrito y humillado. Y ¿qué dice la Palabra de Dios respecto a la actitud del Todopoderoso cuando alguien con un corazón así se le presenta? Pues, la Palabra dice que Dios no lo rechaza; al contrario, lo acoge complacido en sus brazos. En esa descripción cabe la personalidad de David. Él es el modelo perfecto de esa clase de persona ideal que Dios busca. Fue menospreciado por sus hermanos, traicionado, vilipendiado, pero no perdió su vínculo fraternal con ellos; soportó la burla de su esposa y hasta tuvo que sufrir para alcanzar el llamado al que lo instó Dios: servir a su pueblo como rey.

Es así que el que teme a Dios hace gala de un corazón sensible, por lo que la gloria de Dios sale a la luz. En situaciones como esa, cuando el hijo de Dios ve gente que están llevando y trayendo, personas peleando e individuos protestando, él entra y dice: «Mira, te entiendo a la perfección, te entiendo porque pienso igual que tú. Pero la Escritura me dice que estas locuras que Dios hace son a propósito, para sacar a la luz a los que son aprobados. Dios quiere proteger tu corazón. Así que arrepiéntete de esa actitud. Debo confesar que, en el pasado, yo también caí en eso; pero vamos a bendecir a esa persona y a ayudarla en todo lo que podamos. De modo que Dios sea glorificado».

Las decisiones ministeriales que Dios expresa por medio de sus líderes tienen un propósito instructivo en su esencia. Por lo tanto, si nos dedicamos a objetar lo que esas autoridades impuestas por él determinan, es probable que caigamos en pecado de rebeldía. Pecado que se arraiga en el corazón de las personas y desarrolla actitudes verdaderamente letales para la vida espiritual del individuo. Así que, ojo con esas conductas ya que los únicos perjudicados podríamos ser nosotros mismos.

REPASO DE ESTE CAPÍTULO

El hombre es un ser en extremo complejo —esto lo reconocen todos— que surgió de la sencilla y espontánea creatividad de un Dios —esto no lo reconocen todos— que es simplemente extraordinario. Sin embargo, pese a esa complejidad, una de las características más relevantes que debe tener ese ser humano creado se encuentra en el primer capítulo del primer libro de la Biblia, concretamente en Génesis 1:26, donde se establece que el hombre es hecho conforme a la semejanza de Dios. Ese fue el deseo expreso de la Deidad al crearlo, por lo que lo instituyó en su Palabra con toda claridad. Por tanto, la meta de cada cristiano como creyente, como discípulo del Señor, debe ser llegar a tener un corazón parecido al de Dios; es decir, a semejanza del Todopoderoso.

Preguntas

1. ¿Qué anhelaba Dios con la criatura que formó? Exponga sus argumentos.

_____

_____

_____

_____

2. Según lo postulado en este capítulo, ¿cuál debe ser la meta principal de cada cristiano? Explique.

_____

_____

_____

3. ¿Cuál cree usted que es el tipo de persona que Dios busca para que le sirva? Escriba sus comentarios.

_____

_____

_____

4. ¿Qué caracteriza a la persona que es conforme al corazón de Dios? Comente.

_____

_____

_____

2
DECISIONES

Buscadme, pues, ahora alguno
que toque bien, y traédmelo.
—1 Samuel 16:17

En 1 Samuel 16:14, la Palabra de Dios dice que: «El Espíritu de Jehová se apartó de Saúl, y le atormentaba un espíritu malo de parte de Jehová». Pregunto: ¿envía Jehová espíritus malignos para que atormenten a la gente? ¿Por qué atacan los espíritus inmundos a las personas? Porque cuando pecamos e insistimos en pecar, el Espíritu de Jehová Dios se aparta de nosotros y, como le damos albergue a los espíritus malignos, sencillamente quedamos expuestos a las tinieblas. ¿Y qué es lo que abunda en las tinieblas? Ya lo sabemos: principados, potestades, huestes de maldad, demonios de diversas clases. Dada esa situación, lo que se genera entonces es una clara desconexión espiritual entre Dios y nosotros. La relación —que Dios quiere que sea constante— se resquebraja.

Por tanto, debemos entender que cuando el Espíritu de Jehová se apartó de Saúl fue porque no era la primera vez que este caía en pecado. Vimos las faltas que estuvo cometiendo de manera recurrente. Su personalidad arrogante empezó a revelarse contra el Dios que lo había puesto por rey de Israel. Y para colmo, cuando se le confrontaba, pues... su actitud empeoraba. Y añadía otro pecado más porque no asumía la actitud humilde que se esperaba que adoptara. Por tanto, el Espíritu de Jehová se apartó de él y un espíritu malo comenzó a atormentarlo. Como podemos notar, cuando nos desconectamos de Dios nuestra vida empieza a deambular sin sentido, sin dirección, sin guía y es entonces que cualquier cosa puede suceder.

¿Se ha dado cuenta de cómo anda este mundo alejado de Dios? ¿Ha observado la tendencia actual —más descaradamente que nunca— a la búsqueda de lo oculto, lo tenebroso, lo claramente maligno? Cuando el ser humano se desconecta de Dios tiende a conectarse con el lado oscuro de este mundo. Es entonces que cualquier desastre es posible. El hombre cae presa del pecado y da rienda suelta al desenfreno absoluto, a una vida licenciosa, entregada al mal. Ya no hay límites ni principios ni valores que reglamenten la conducta de los individuos, todo se corrompe. La lujuria y uno de sus instrumentos principales —el sexo— se apoderan de todo escenario posible. Eso es lo que hace el hombre cuando se aleja de Dios. Ahí es donde el espíritu malo viene a hacer de las suyas. No es que Dios lo envíe, es que el ser humano lo invita.

Sin embargo, podemos ver lo que dice el versículo 15:

«Y los criados de Saúl le dijeron: He aquí ahora un espíritu malo de parte de Dios te atormenta».

Obviamente no, repito, eso no viene de Dios, él no envía nada malo; insisto y reitero por lo peligroso que es el caso: solo que al apartarse de Dios —y de todo lo que tenga que ver con él— la persona queda a merced del mal y ocurre mucho de lo que acabo de señalar en el párrafo anterior. El versículo 16 continúa:

«Diga, pues, nuestro señor a tus siervos que están delante de ti, que busquen a alguno que sepa tocar el arpa, para que cuando esté sobre ti el espíritu malo de parte de Dios, él toque con su mano, y tengas alivio».

Aquí tenemos algunos punto a los que hay que considerar: ¿Tiene el arpa, como instrumento musical, un secreto? ¿Acaso posee ese delicado instrumento un secreto místico de guerra espiritual? ¿Es acaso una solución a la conducta malvada de la persona? ¿Cómo es posible ello?

Nada de eso. Señores, Satanás no le tiene miedo al arpa ni a su sonido. A Satanás no lo intimida un instrumento musical por linda que sea la música que emita. ¿A quién le teme, entonces, Satanás? ¿Al que toca el arpa? A ese sí que le tiene miedo. Por eso tenemos que ser muy cuidadosos, porque en este mundo místico (y sobre todo esta iglesia moderna —a la que le encanta la fanfarria de las cosas misteriosas y le emociona todo eso—), se le da cierta connotación de poder a los objetos cualquiera sea su naturaleza, los cuales son irrelevantes ante las fuerzas del mal. Los siervos de Saúl le dijeron: «Consíguete a alguien que toque el arpa para que cuando esté sobre ti el espíritu malo de parte de Dios, él toque con su mano y tengas alivio». Y entonces Saúl, en el versículo 17, respondió a un criado con una decisión rápida: «Búsquenme a uno que toque bien y tráiganmelo».

Una reacción emotiva

Saúl respondió de manera instintiva, emocional e irreflexiva, no se detuvo a pensar ni a meditar en la oferta que le expusieron sus ayudantes ni mucho menos en sus implicaciones, ni las inmediatas ni las de corto plazo. Saúl estaba ensimismado en su condición pecaminosa. Si hubiera sido un hombre lleno del Espíritu Santo, si hubiese tenido su corazón conectado a Dios y una mente abierta a la revelación divina, habría respondido de otra manera. Si el rey Saúl hubiera analizado su condición, habría respondido algo como lo que sigue: «Miren, no es que tengan que traerme a un músico que toque bien el arpa. En vez de eso, traigan a algún siervo de Dios que ore por mí». Es lo menos, lo mínimo que hubiese tenido que decir una persona que todavía tiene algo de Dios, que le queda algo del Señor en su vida.

Sin embargo, cuando el hombre se aleja de Dios toma decisiones sin pensarlas, decide por lo inmediato. En vez de pedir que le trajeran al arpista, lo que debió decir fue: «Traigan a un hombre de Dios que ore por mí, porque yo ya no tengo fuerzas. Yo estoy muy débil. Le he fallado mucho a Dios. Tráiganme a alguien que interceda ante Dios por mí». Eso, por lo menos, habría sido un excelente indicio de que algo bueno quedaba en el corazón de aquel hombre que una vez fue ungido por Dios. Y no es que yo sea más espiritual que Saúl, es que creo que cuando alguien es ungido por Dios debe actuar en consonancia con ello, aunque lo contrario es muy probable también. Además, hay que tomar en cuenta que los planes de Dios se cumplen aunque los protagonistas decidan cosas extrañas. Y el plan de Dios era llevar a David al escenario en el que se desempeñaría por muchos años ejerciendo el cargo que lo inmortalizaría como el mejor rey de Israel en toda la existencia del pueblo de Dios.

No obstante, el hecho de que aceptara que trajeran a un buen músico y que le tocara el arpa mostró la situación en que ya estaba su relación espiritual con Dios. Él no estaba pensando en Dios para que acabara con esa situación, lo que estaba pensando era en algo que atenuara la circunstancia y lo sacara momentáneamente de ella. Pero es obvio que nosotros no estamos aquí para criticar a Saúl. Estamos aquí para aprender de él. ¿Por qué? Porque cuando estemos en situaciones difíciles, van a venir mil voces a hacernos sugerencias.

Así como ocurrió con Saúl, al que le habría encantado ver esa serie televisiva de fines del siglo pasado llamada «Embrujada», con Samanta —famosa por mover su nariz y hacer magia con ella—, la hija de Endora. Al monarca destronado le encantaba lo místico. Recuerde la ocasión en la que fue a Endor a pedirle a una linda viejecita que lo pusiera en contacto con Samuel, que ya había fallecido. Así como a él, es probable que se nos acerque alguien que nos diga: «Mira, yo conozco a una señora que no es exactamente cristiana, pero es una mujer de Dios y hace unos trabajos extraordinarios, tanto que ha sanado a mucha gente. No te preocupes por lo que te ocurre, esa viejecita puede ayudarte». Si nos queda algún vestigio de Dios, sabemos que lo menos que necesitamos es que una persona con antecedentes cuestionables —desde el punto de vista espiritual— venga a ofrecernos soluciones. Lo que necesitamos es encontrarnos con Cristo y entregarle la vida.

Sin embargo, en estos tiempos en que vivimos, muchos creyentes confunden el cristianismo con el humanismo, el hinduismo, la nueva era y deje usted de contar. Es lo mismo que sucede con la iglesia popular, que le da igual la virgen de Regla —una de las miles de advocaciones de la virgen María— que Yemayá —diosa orisha—, debido al sincretismo que practica con las religiones africanas tan conocidas hoy en día. Tanto es así que muchos adoptan sus mantras y creencias sincretizando todo eso con lo que se predica en nuestras iglesias cristianas. De ahí que se oiga pregonar cosas como que fulano o zutano, cuando muere, va a morar con el Señor y —desde allí— nos ayuda en nuestro andar terrenal. Que nos guiará desde el cielo y una serie de poca vergüenzas de lo más burdo. Todo eso es consecuencia de lo que aprendemos de Saúl y su inquietud por el ocultismo. Por tanto, no debemos hacer lo que él hizo, sino todo lo contrario. Esa es la lección más importante que nos deja el caso de ese rey destituido. Así que, permítame que le sugiera, deseche todo lo que parezca o huela a Endor, a ocultismo, a brujería. No se deje llevar por la emoción ni por la ansiedad de ver resultados instantáneos, de manera que reaccione de manera inadecuada o hasta pecaminosa en situaciones inesperadas. Aférrese a la roca que es Cristo y no se deje arrastrar por la corriente de este mundo para que sus decisiones no sean reaccionarias sino bien meditadas bajo la guía del Espíritu Santo.

Todas esas cosas nos deben enseñar que, en el ministerio, van a haber momentos confusos e incluso muy dolorosos. Y el dolor, demasiado a menudo, nos enceguece. Muchas veces, cuando somos presa de la decepción o la traición, los sentimientos son tan fuertes y tan difíciles de manejar que quedamos como en el aire, como perdidos, aturdidos. Esos son los momentos que Satanás aprovecha para traer a nuestro cerebro voces seductoras con insinuaciones malsanas, sugerencias dañinas, sutilezas peligrosas. Es por eso que debemos tener la fibra del espíritu lo suficientemente despierta o, por lo menos, tener cierto dominio de las Escrituras para que cuando algo extraño surja en momentos difíciles de duda, cuestionamiento o incertidumbre, podamos responder en forma adecuada a fin de salir airosos y triunfantes. En otras palabras, si hay algo que no me cuadra y me parece que lo necesito, pero no encaja en mi contexto, decido no arriesgarme. Me zanjo por lo seguro. En momentos como esos no es bueno experimentar, porque sería probablemente el fin de nuestra vida. Hay que ser sabios a la hora de tomar decisiones y no hacerlo a la ligera puesto que las consecuencias pueden ser graves. Por eso, hay que consultar la voluntad de Dios en cada paso que demos en la vida.

En busca del hombre ideal

Así que, en el versículo 18, uno de los criados del rey le dijo:

> «He aquí yo he visto a un hijo de Isaí de Belén, que sabe tocar, y es valiente y vigoroso y hombre de guerra, prudente en sus palabras, y hermoso, y Jehová está con él».

¿Cree usted que esa es una descripción fidedigna de David? ¿Le cuadra esa descripción? Se nota que ya era un personaje conocido por sus proezas y su vida un poco fuera de lo común. Para que una persona diga que alguien es un hombre de guerra, refiriéndose al mismo como a un vigoroso chamaquito y a la vez guerrero, prudente y hermoso tiene que haber sido alguien muy particular y reconocido. ¿No le parece? Pero lo más importante de toda esa descripción era una frase muy relevante: «Y Jehová está con él». Entonces, en el versículo 19 dice:

> «Y Saúl envió mensajeros a Isaí, diciendo: Envíame a David, tu hijo, el que está con las ovejas».

Eso reafirma que después que David fue ungido por rey de Israel regresó a cuidar de su rebaño, volvió a pasar el tiempo con las ovejas de su papá.

Sin embargo, trasladémonos a nuestra era digital y veamos cómo lidiaríamos con la búsqueda de ese hombre ideal para el trabajo que tenemos para él. Si tuviera que recomendar a alguien para una tarea especial en estos tiempos, ¿cuáles serían las características que usted buscaría en esa persona? De acuerdo a los parámetros que manejamos hoy lo más probable es que formularíamos un esquema o un perfil de datos que sean idóneos para el candidato a escoger. No iríamos en busca de alguien inexperto ni poco conocedor del tema a tratar. Lo buscaríamos en las redes sociales, en empresas cibernéticas que ofrecen puestos de trabajo como la popular LinkedIn o la más reciente Indeed.

Estoy seguro de que agotaríamos todos los esfuerzos para conseguir a la persona ideal. Pero hay algo que, por lo general, se olvida a la hora de buscar a ese individuo. Su calidad espiritual o, para no presentarlo tan fanático, la condición moral del candidato. En la actualidad, a la hora de escoger a alguien para que trabaje en la obra del Señor, se buscan las mejores cualidades; se exige de todo, menos el testimonio de una vida espiritual recta. Es que el mundo ha permeado a muchas iglesias. Por eso, ahora elegimos autoridades gubernamentales más reconocidos por sus escándalos y sus falsedades que por sus virtudes, y decidimos apoyar personas que defienden las peores monstruosidades inimaginables. Pero el asunto más importante que debemos considerar al buscar a la persona ideal se resume en la siguiente frase: «Y Jehová está con él». Así que, ¿considera usted la presencia de Dios como lo más importante a la hora de buscar al candidato ideal o no le interesa esa condición?

La ruptura del orden dinástico

Otro punto que es interesante observar aquí es que Dios no buscó un sucesor entre la realeza ya establecida. Es decir, no tomó en cuenta a Jonatán ni a ningún pariente que perteneciera al exclusivo club de la monarquía de esa época. Al contrario, quiero que recuerde que el pastoreo de ovejas era una tarea que se les daba a los obreros, a los criados y, cuando no había alguien más que ejerciera ese oficio se le asignaba a las mujeres, a las hijas de la familia. ¿Quiere decir que para un hombre en Israel, ser pastor de ovejas era algo poco honroso? ¿O era una labor de mujeres y, por lo tanto, denigrante para un hombre? En efecto, así era precisamente categorizada esa labor. Pero Dios, que es tan ocurrente, buscó —como heredero de la Corona— a un individuo que, aun cuando era de una familia común de la sociedad de aquel tiempo, se desempeñaba como un simple pastor de ovejas.

No obstante, el corazón de David era muy especial porque... no sé cómo piense usted, pero a mí me parece lógico que si viene un profeta tan famoso como Samuel —porque no era cualquier mequetrefe— y se molesta en viajar hasta Puerto Rico con el fin de ungirme y declararme nuevo rey de la isla, yo no voy a regresar a pastorear ovejas, no voy a volver a mi antigua labor de pastorcito, a esa faena tan denigrante y humillante. No voy ni a pensar en volver a tratar con animales. Al contrario, me voy a preparar para ser rey, voy a capacitarme para desempeñarme como monarca. Meditemos bien en esto porque es de sabios. Así que cuando se nos revele, de parte de Dios, de parte de la iglesia o de otros pastores que estamos siendo considerados para ejercer el ministerio, no permitamos que se nos llene la cabeza de humo. Mantengámonos en nuestras sencillas labores, aquellas en las que estábamos cuando Dios nos extendió el llamado. Si en algo se mostró el corazón de David es que después de haber sido ungido rey, regresó a pastorear su redil. ¿Por qué hizo eso aquel potencial monarca? Porque la encomienda pastoril se la dio su papá. Y David era un hombre de responsabilidad. Un hombre obediente a su padre y a sus superiores.

David era el tipo de persona que no iba a atender sus nuevas funciones sin terminar bien las que ejerció con anterioridad. Repito, si la anterior no la concluía bien —para él— no valía la pena comenzar otra función nueva, lo cual es muy sensato. Si a usted le dan la noticia de que van a nombrarlo en una posición importante dentro de la iglesia y sabe que tiene en sus manos otras funciones, lo correcto es que no las deje al garete, es decir, a la deriva. Es de sabios decir: «No voy a comenzar de inmediato porque tengo que ser fiel en lo poco que Dios me puso. Por lo que tengo que dejar en buenas manos y bien cuidado lo que Dios me asignó. Después que termine con eso, asumo lo que me están ofreciendo». Esa conducta es invaluable delante de Dios. Y eso fue precisamente lo que David hizo.

Ahora bien, consideremos la situación en lo que a la monarquía se refiere. Como acabo de señalar, lo lógico era que Jonatán fuera el sucesor de Saúl. Cuando los israelitas pidieron un rey que los gobernara, eso implicaba que debían seguir las costumbres de esos pueblos a los que querían imitar. Y una de esas costumbres era que la persona que sucediera a ese monarca, cuando cesara en sus funciones, debía ser un descendiente de su linaje real. Y aquí viene lo interesante.

Cuando la encomienda del rey se cumplió imagínese a la familia de Isaí. La llegada de los emisarios reales conmocionó a la familia de David. ¿Cómo les habrá caído a los hermanos del escogido la noticia de que el más pequeño e irrelevante de ellos fue ungido por rey y, para colmo, que el propio monarca lo llamara ahora para que lo acompañara en el palacio? En otras palabras, para que le ministrara en sus momentos de locura. Sus hermanos tuvieron que haber experimentado una mezcla de sentimientos encontrados. Deben haber pensado: «Bueno pues, ahora el propio rey Saúl le está pidiendo a David que vaya a su palacio a ministrarle». El padre de familia, por su parte, parecía estar en consonancia con los planes de Dios, porque preparó a su hijo para que se presentara ante el rey. El versículo 20 dice:

> «Y tomó Isaí un asno cargado de pan, una vasija de vino y un cabrito, y lo envió a Saúl por medio de David, su hijo».

Ahora bien, ¿cree usted que David pensó, en algún instante, que iba a una reunión para discutir el plan de sucesión? Esa es una buena pregunta. Cualquiera podría pensar en ella. Es lo que hoy llamaríamos reuniones de transición gubernamental. Me pregunto si en la mente de David afloraría la idea de que tan pronto como viera a Saúl le tocaría el tema de la trasmisión de mando. Si ese hubiera sido mi caso, es probable que llevara preparado un dosier de preguntas y asuntos por tratar. En lo que a mí respecta, le habría planteado algo como: «Rey, tocayo, dime ¿cuándo abandonas el trono? ¿Ya fijaste la fecha de entrega del poder? Porque… si no lo sabías, ya fui ungido rey de Israel. Samuel ya me ungió. Así que… quítate tú, pa' ponerme yo». ¿Sería eso lo que estaba en los planes de David? No, no, nunca. David era un personaje sin igual.

Observe lo que dice el versículo 21:

«Y viniendo David a Saúl, estuvo delante de él, y él le amó mucho, y le hizo su paje de armas».

La sola presencia de David conmovió a Saúl a tal punto que la Palabra de Dios dice que «le amó mucho». Fue tal la impresión que le causó que inmediatamente lo nombró su paje de armas. Y paje de armas no es otra cosa que un escudero, no es otra cosa que alguien que le carga la espada al rey. Alguien que lo ayuda a vestirse. Alguien que le quita los zapatos cuando viene de la guerra, que se los pone. En otras palabras, un sirviente. Pero David era el ungido de Jehová como el próximo rey de Israel. Su noble actitud hablaba por él. ¿Puede usted decirme algo?

¿Qué clase de sirviente iba a ser David en el palacio de Saúl? Supongamos que los criados le dieron la información pertinente y supo que él iba a calmarle el tormento que los demonios le infligían a Saúl. O sea que él iba como terapeuta del insano gobernante. Si no se lo dijeron, se enteró allí cuando Saúl le dijo: «Mira, vas a servirme como paje de armas. De modo que cuando caiga endemoniado, vas a tocar el arpa y me vas a librar de esos demonios». ¿Qué habrá pensado David? Para mí esto es fascinante. Yo no sé cómo lo ven ustedes, pero para mí es algo encantador y, lo que es más importante, me ayuda a entender lo que es ser humilde. Porque el humilde no va a ningún lugar para que le sirvan. El humilde, dondequiera que va es a servir o, al menos, va con esa disposición.

El corazón de David era de una gran calidad humana. Sus atributos eran inigualables. Nunca entenderé la grandeza de ese hombre; por eso es que fue escogido. Aparte de tener un corazón conforme al de Dios, creo que también se le regaló el don de ser entendido en los tiempos. Me maravilla que, aun cuando llegó el momento de su reinado, hubo ocasiones en que se mezcló con el pueblo. Hubo oportunidades en que se comportó delante de la presencia de Dios como uno más del pueblo, y adoró a Dios con tanta intensidad que algunos consideraron que su comportamiento era vil. Ante esas circunstancias respondió a los que lo criticaban, entre ellos su propia esposa, lo siguiente: «Si para adorar a Dios como lo hago, tengo que hacerme vil, me haré más vil aún con tal de agradarlo a él». Eso es algo que revoluciona el corazón de Dios. Y nosotros tenemos que recordar eso en la medida en que Dios nos prospera, en que Dios nos bendice, en que Dios nos colma de bendiciones.

David era un hombre preparado para ejercer la posición que Dios determinó para él porque reconocía que el propio Jehová de los ejércitos lo respaldaba en todos sus movimientos. Siendo pastor de ovejas, me imagino que debía tomar decisiones importantes para cuidar al rebaño. De modo que a la hora de actuar como soldado del rey Saúl tuvo que tomar muchas en la batalla.

REPASO DE ESTE CAPÍTULO

La Palabra de Dios dice que: «El Espíritu de Jehová se apartó de Saúl, y le atormentaba un espíritu malo de parte de Jehová». Pregunto: ¿envía Jehová espíritus malignos para que atormenten a la gente? ¿Por qué atacan los espíritus inmundos a las personas? Porque cuando pecamos e insistimos en pecar, el Espíritu de Jehová Dios se aparta de nosotros y, como le damos albergue a los espíritus malignos, sencillamente quedamos expuestos a las tinieblas, donde abundan principados, potestades, huestes de maldad, demonios de diversas clases. En una situación como esa lo que se genera entonces es una clara desconexión espiritual entre Dios y nosotros. La relación —que Dios quiere que sea constante— se resquebraja. Como podemos observar en el desempeño de Saúl, cuando nos desconectamos de Dios nuestra vida empieza a deambular sin sentido, sin dirección, sin guía y es entonces que cualquier cosa puede suceder.

Preguntas

1. ¿Ha visto cómo anda la gente alejada de Dios? ¿Ha observado la tendencia actual a la búsqueda de lo oculto, lo tenebroso, lo claramente maligno? Exponga sus comentarios.

_____

_____

_____

2. De acuerdo a este capítulo, ¿por qué Saúl fue objeto del ataque demoniaco? ¿Cree que Dios le puede enviar un espíritu malo a usted?

_____

_____

_____

3. Si usted tuviera que recomendar a alguien para una tarea especial, ¿cuáles serían las características que buscaría en esa persona?

_____

_____

_____

4. ¿Por qué era reconocido David en el pueblo de Israel? Comente.

_____

_____

_____

3
HUMILDAD
VS.
SOBERBIA

Cuando viene la soberbia,
viene también la deshonra;
mas con los humildes
está la sabiduría.
—Proverbios 11:2

Hace un tiempo llegué de México, donde tuve uno de los privilegios más grandes de mi vida, tanto que no tengo palabras para describirlo. Estábamos en el Centro de Convenciones Pepsi, de Ciudad de México, hablando a unos miles de oyentes. Allí estaba todo el cuerpo pastoral de México. Los gigantes de la fe reunidos para ministrar a los santos. Era una convención de pastores y yo estaba predicando con Carlos Annacondia. Nunca en mi vida había estado con él y cuando me dijeron que iba a predicar con ese siervo de Dios, quedé como muerto, petrificado, y dije: «Señor, ¿cómo voy a predicar con Carlos Annacondia?» Sé que es un hombre extremadamente famoso en el mundo entero, un predicador usado por Dios de una manera extraordinaria.

Aparte de Annacondia, había otra ristra de predicadores súper famosos, súper conocidos, de todas partes del mundo. Éramos casi 5.000 ministros y cuando terminábamos de predicar nos hacían una cadena alrededor para que nadie se nos acercara. Se suponía que me dejara llevar por el protocolo establecido y me condujeran al lugar donde estaba el resto de los predicadores, pero en mi corazón me decía que si Jesús estuviera ahí, no permitiría que le hicieran eso. Porque Jesús dejaba que la gente lo tocara, que lo abrazara y le gustaba la intimidad con la gente.

De modo que decidí romper aquella cadena. Uno de los ujieres me dijo: «Pastor, no haga eso, pastor, no lo haga». A lo que respondí: «Perdóname, no lo puedo evitar». Algunos de los que intentaban acercarse decían: «Quiero sacarme una foto con usted, venga para tomarnos una». Otros me decían: «Permítame abrazarlo. Usted no sabe cuánto ministró a mi corazón». Había los que se me abalanzaban y lloraban encima de mí. Mientras tanto los diáconos y la gente de seguridad me decían: «Pastor, tiene que venir por acá».

Sin embargo, les contestaba con mucho amor: «No, yo tengo que estar donde está la gente, quiero mostrarles mi afecto y abrazarlos». Y ¿qué pasó? Al principio fue incómodo. Después, me dieron por incorregible. Pero yo alegaba dos opciones: o sigo la regla o enseño con el ejemplo, modelando. Pues, decidí romper con el protocolo, porque tengo que modelar, tengo que representar a Cristo y la manera en que se comportaba con los demás. Por ejemplo, cuando los discípulos advirtieron que algunos «les presentaban a los niños para que pusiese las manos sobre ellos, y orase» (Mateo 19:13), reprendieron a esas personas, pero ¿qué les dijo Jesús? El Señor les dijo:

«Dejad a los niños venir a mí, y no se lo impidáis; porque de los tales es el reino de los cielos».

—Mateo 19:14

Así era Jesús: amable, cordial, atento. Jesús sentía empatía por la gente, cualquiera fuese su necesidad. Atendía a cualquiera que se le acercaba. Claro, a veces tuvo que ser franco y directo con algunos, pero siempre mostraba interés por las personas. Y más aun las personas desvalidas. Por eso, nosotros como seguidores de Cristo, tenemos que mostrarle a la gente la sencillez de Jesús, su humildad, y enseñarle que este evangelio no es elitista; el evangelio son buenas nuevas de salvación para todas las personas, sin distingo de clase social ni de ningún tipo. El evangelio es para todos los que lo necesiten.

Digo esto con la intención de animarle, ya que estoy preparando camino para usted. Y quiero asegurarme de que cuando llegue ahí, sea tan sencillo, amoroso y cariñoso con la gente, que puedan ver el rostro de Jesús en usted. Así era David. Y esa es una lección que aprendí de él. Cuando se involucraba con la gente, danzaba con ellos, se quitaba la túnica real para sentirse más a gusto con todos, hacía todo eso con el fin de adorar a Dios con la sencillez más diáfana posible. Porque pregonaba y estaba consciente de que delante de Dios todos somos iguales.

El secreto de la humildad

Hoy, muchos predicadores famosos parecen emular a las superestrellas de la farándula o a los astros del deporte. Aunque comenzaron sus ministerios con la unción de Dios, dirigidos por el Señor a alcanzar el objetivo de difundir la revelación divina para rescatar a los perdidos, parecen haber olvidado a David para seguir los pasos de Saúl. Ni siquiera la reiterada petición de otro Saúl en el Nuevo Testamento —el de Tarso (y que también era de la tribu de Benjamín, como el monarca), cuando dijo: «Sed imitadores de mí, así como yo de Cristo» (1 Corintios 11:1)— les insta a imitar la humildad del Rey de reyes y Señor de señores: Jesús. Es muy triste ver ceder a grandes instrumentos de Dios ante las asechanzas del diablo, pero ese es el trabajo del enemigo.

Sin embargo, David hallaba su fuerza en Dios. Ese es el secreto de la humildad: por una parte, aceptar que uno por sí mismo está perdido, sin fuerzas, sin poder alguno; y por otra parte, reconocer al Señor, la fuente de la vida, de la fuerza y de la sabiduría. Muy bien lo supo expresar en los cánticos que compuso con el fin de adorar a Dios. La humildad consiste en olvidarse de uno mismo para pensar en el Señor, para vivir por él y para él. Él es nuestra vida (Colosenses 3:4). Nos libera de la mentira y de la vanidad, así como de la falsa humildad. Pero la humildad es un don perfecto que viene de lo alto, viene de Dios.

La humildad lleva al creyente a practicar el consejo que Pablo les extiende a los romanos (en Romanos 12:3) cuando expresó: «Digo, pues, por la gracia que me es dada, a cada cual que está entre vosotros, que no tenga más alto concepto de sí que el que debe tener, sino que piense de sí con cordura, conforme a la medida de fe que Dios repartió a cada uno». El cristiano humilde, aunque parezca una redundancia —porque para ser cristiano se debe ser humilde—, siempre busca satisfacer la necesidad de los demás antes que las propias, ¿por qué? Porque esa es la esencia del que sigue a Cristo:

«hacer todo como para el Señor y no para los hombres».

—Colosenses 3:23

Cuando hacemos «todo como para el Señor», nos interesamos más por el prójimo que por nosotros mismos. ¿Entiende la idea?

Ser humilde, aunque es un prerrequisito del cristiano, es una credencial honrosa para el creyente. La humildad abre puertas que la arrogancia tiene cerradas. La humildad puede enternecer a un enemigo rugiente. La humildad cubre a la persona con un manto de bendición al cual el enemigo no puede vencer. Además, aunque el humilde no anda tras la atención de nadie, «Jehová atiende al humilde» (Salmos 138:6). Aunque no busca honra de nadie, la Palabra de Dios afirma que «Jehová exalta a los humildes» (Salmos 147:6).

La humildad es una de las características más apreciadas por Dios a la hora de usar a alguien como instrumento suyo. Era un hombre humilde como Abraham —que le creía a Dios— el que el Todopoderoso requería para poner las bases del pueblo que era la «niña de sus ojos» (Deuteronomio 32:10; Salmos 17:8; Zacarías 2:8). Era un hombre dócil y manso el que necesitó Dios para salvar a Noé y los suyos de la destrucción con el fin de preservar la raza humana. Era un hombre humilde el que necesitó para continuar el desarrollo del pueblo de Dios tras la liberación de Egipto, un tipo como Josué, esforzado y valiente. Es por eso que solo un hombre humilde podía acometer la tarea de apaciguar a los demonios que atormentaban al rey Saúl. Solo un hombre que deposita su fe en el Dios todopoderoso y actúa según la voluntad divina puede enfrentar y aplastar a cualquier demonio que se manifieste. El versículo 23 dice: «Y cuando el espíritu malo de parte de Dios venía sobre Saúl, David tomaba el arpa y tocaba con su mano; y Saúl tenía alivio y estaba mejor, y el espíritu malo se apartaba de él». Si el espíritu malo se encuentra con el espíritu de un arpista lleno de orgullo y vanidad, lo que hace es tremenda fiesta. Pero en el caso de David, tuvo que huir despavorido ante la humildad de aquel siervo de Dios.

¿Qué podemos aprender de esto, aplicado a nuestra propia vida? Señores, aparte de lo que ya mencionamos, como la humildad del siervo de Dios, la unción no está en el instrumento sino en la persona que —dirigida por Dios— lo usa, también debemos entender que las alabanzas, las expresiones de devoción y los cánticos de adoración constituyen un golpe demoledor para los demonios. Ellos no soportan escuchar alabanzas a Dios ni música de adoración al santo nombre de Dios. Si estuviéramos seguros de eso, señores; vuelvo y repito, si supiéramos eso, saturaríamos nuestras casas de alabanza y adoración. Nuestros hogares deben ser centros de alabanza y de adoración que bendigan a nuestras comunidades y aun a ciudades enteras.

Es de sabios saturar nuestra vida y nuestros hogares de música, de alabanza y de adoración, porque eso abre puertas para que la presencia de Dios impere a plenitud. Donde hay alabanza y adoración no caben las tinieblas, desaparecen. Así que, aplicado a nuestra vida, es importante entender que tenemos un arma de guerra muy valiosa. Es cuestión de usarla.

LA HUMILDAD Y LA SOBERBIA

Ahora veamos el enfrentamiento entre la humildad y la soberbia. Veamos a la mansedumbre frente a la prepotencia. Presenciemos la batalla entre la aparente pequeñez y la jactanciosa grandeza. El primer libro de Samuel, capítulo 17, narra los acontecimientos: «Los filisteos juntaron a su ejército para la guerra y se congregaron en Soco, que es de Judá, y acamparon entre Soco y Azeca. En Efes-damim. También Saúl y los hombres de Israel se juntaron, y acamparon en el valle de ELA [que no tiene nada que ver con el Estado Libre Asociado de Puerto Rico], y se pusieron en orden de batalla contra los filisteos. Y los filisteos estaban sobre un monte a un lado, e Israel estaba sobre otro monte al otro lado, y el valle entre los dos ejércitos. Salió entonces del campamento de los filisteos, un paladín, el cual se llamaba Goliat, de Gat, y tenía de altura seis codos y un palmo».

La palabra hebrea «paladín», significa intermediario o un hombre que media entre dos partes. Cuando dos ejércitos se enfrentaban escogían a un paladín de cada una de esas partes para que lucharan en su representación y el que venciera le daba la victoria a su ejército. Y, en referencia a la medida de seis codos y un palmo, era equivalente a dos metros y medio o tres metros en el sistema métrico actual. Así de grande era el gigantón. Obviamente tenía una armadura acorde a ese enorme tamaño, de acuerdo a su estatura. Y el versículo 5 dice que «traía un casco de bronce en su cabeza, y llevaba una cota de malla; y era el peso de la cota cinco mil siclos de bronce. Sobre sus piernas traía grebas de bronce, y jabalina de bronce entre sus hombros. El asta de su lanza era como un rodillo de telar, y tenía el hierro de su lanza seiscientos siclos de hierro; e iba su escudero delante de él». Estamos diciendo que la armadura de Goliat probablemente pesaba unos cien kilogramos. Así que era grande de verdad. Además, llevaba unas grebas de bronce, que eran piezas de metal que cubrían las piernas desde la rodilla hasta la base del pie; aparte de eso llevaba una jabalina.

En 1 Samuel 17:8-11 dice que el gigantón «se paró y dio voces a los escuadrones de Israel, diciéndoles: ¿Para qué os habéis puesto en orden de batalla? ¿No soy yo el filisteo, y vosotros los siervos de Saúl? Escoged de entre vosotros un hombre que venga contra mí. Si él pudiere pelear conmigo, y me venciere, nosotros seremos vuestros siervos; y si yo pudiere más que él, y lo venciere, vosotros seréis nuestros siervos y nos serviréis. Y añadió el filisteo: Hoy yo he desafiado al campamento de Israel; dadme un hombre que pelee conmigo. Oyendo Saúl y todo Israel estas palabras del filisteo, se turbaron y tuvieron gran miedo».

Las «voces» que usó el gigantón son una arrogante muestra del lenguaje que hoy emplea el enemigo de nuestras almas para intimidar al pueblo de Dios. Esa soberbia prepotente del gigante Goliat es característica de las tinieblas, pero esas «voces» —aunque parecen novedosas— ya fueron anunciadas por Dios en su Palabra. El tipo envalentonado adopta su mejor pose incitadora para mostrar superioridad ante aquel ejército lleno de cobardes que eran los escuadrones de Israel. Desde el rey hasta el último de los soldados se turbaron y sintieron terror ante aquel engendro de Satanás. Hoy muchos creyentes son presas del chantaje del enemigo. El mundo los asusta diciéndoles que no pueden mencionar ni siquiera la palabra «pecado» en público. Como la soberbia del diablo ya cambió el lenguaje del mundo llamando malo a lo bueno y bueno a lo malo, ahora trata de cambiar el lenguaje de los predicadores asustándolos con prisión, vergüenza e ignominia.

La soberbia se nota con mucha facilidad en la personalidad del que la practica, sin embargo, su manifestación es más clara a través del lenguaje verbal. Y en ese aspecto, el verbo que el diablo utiliza hoy seduce a la iglesia de una manera tal que vemos a creyentes laicos y a ministros usando dicho lenguaje en su andar diario. Por eso vemos la soberbia de muchos creyentes cuando se erigen en paladines de la justicia —en nombre de un falso cristianismo— contra tal o cual tipo de actitud imperante en el mundo empleando una terminología cónsona con la que este utiliza. La altanería con la que vemos que se levantan «ciertas iglesias cristianas» acompañando las alteraciones de orden social en las comunidades, apoyando la rebeldía de algunos sectores, se parece a las provocaciones que lanzaba el gigante Goliat al pueblo de Israel. El verdadero pueblo de Dios sabe que «la blanda respuesta quita la ira; mas la palabra áspera hace subir el furor» (Proverbios 15:1), sin embargo, muchos creyentes ignoran esta máxima cristiana.

La Palabra de Dios no yerra nunca. El proverbista lo confirma cuando afirma de manera clara y diáfana: «Ciertamente la soberbia concebirá contienda» (Proverbios 13:10). Eso, precisamente, es lo que generó la arrogancia del gigante filisteo y, a la vez, lo identificó como lo que era: «un necio». El mismo proverbista lo confirma al decir: «En la boca del necio está la vara de la soberbia» (Proverbios 14:3). Si usted actúa con soberbia, es muy probable que le abra camino al caos, al conflicto y hasta a la guerra. Al actuar de esa manera lo que hace es mostrar lo necio que usted es y, por lo tanto, será presa de la insensatez. Y debo decirle algo: es muy triste ver a una persona soberbia, porque es lo primero que se le nota a simple vista y causa un efecto repelente al que se le acerca.

Y esa es otra lección que nos deja el enfrentamiento de la humildad contra la soberbia. Por más flojos, por más débiles que seamos como cristianos, no debemos permitir que el enemigo nos cautive con su soberbia, con su lenguaje malintencionado, ni mucho menos que nos intimide con falsas afirmaciones, puesto que nosotros, bajo el poder del Espíritu Santo somos más que vencedores. Satanás ha tergiversado las Escrituras de tal modo que hay cristianos que creen que en la Biblia dice: «No somos más que unos debiluchos» y olvidan dos grandes frases que deben ser nuestro estandarte en esta guerra espiritual: «Diga el débil: Fuerte soy» (dicha por el profeta Joel, 3:10) y «Somos más que vencedores por medio de aquel que nos amó» (pronunciada por Pablo en Romanos 8:37).

Entretanto David, con su humildad, iba y venía —dice 1 Samuel 17:15— y obedecía todo lo que su padre le indicaba. En una de esas ocasiones, el joven pastor se enteró de lo que ocurría en el campo de batalla y se animó a preguntar por la recompensa que obtendría el que derrotara al gigante provocador. Una vez más la actitud humilde de David hizo que la soberbia de sus perdedores hermanos —representados por Eliab— se ensañara contra él. Aquí vemos algo muy característico de hoy: los impíos acusan a los píos de lo mismo que aquellos practican. Aquí vemos al arrogante Eliab acusando al humilde de soberbio a David. ¿Acaso le parece conocido este tipo de actitud? Lo vemos a diario, por ejemplo, cuando los que defienden el aborto acusan de enemigos de los derechos humanos a los que defienden los derechos de los humanos que están en el vientre de sus madres. El mismo caso de los que preferían a Barrabás antes que a Jesús.

El hombre de hoy, tal como describe Isaías 5:20 al de sus días, sufre un cambio de paradigma total. ¿Qué quiere decir esto? Como lo afirma el profeta: «A lo malo dicen bueno, y a lo bueno malo; que hacen de la luz tinieblas, y de las tinieblas luz; que ponen lo amargo por dulce, y lo dulce por amargo!», pero pobre del tal hombre porque será destruido. La humildad que debe caracterizar a los seres hechos a la imagen de Dios es una virtud escasa en los días actuales. Los innumerables esfuerzos por destacar en el mundo de hoy hacen que la soberbia impere en medio de la vorágine exacerbada por los medios de comunicación y las cada vez más ávidas redes sociales, que intentan hacer desaparecer cualquier vestigio de humildad.

Por tanto se necesitan hombres de la talla de David, conforme al corazón de Dios, cuya humildad engrandezca las filas del ejército que constituye la Iglesia militante, el verdadero cuerpo de Cristo, la Novia del Cordero. Una novia sin mancha y sin arruga, a la que Dios envíe a rescatar a través de su Hijo. La Iglesia de hoy necesita seguidores de Cristo que sean humildes, sencillos y que tengan un corazón que Dios no pueda rechazar, uno contrito y humillado. El mundo de nuestros días no necesita más soberbios, no necesita más arrogancia, no necesita que sigan celebrando el «día del orgullo», no necesita ni *tiktokers* ni *influencers* dizque «cristianos», lo que necesita es más humildad, más mansedumbre, más obediencia. En resumen, más hombres y mujeres sumisos, francos, sencillos y obedientes que sean conforme al corazón de Dios.

REPASO DE ESTE CAPÍTULO

Muchos predicadores famosos parecen emular a las superestrellas de la farándula, a los astros del deporte o a la diversidad de gurúes que surgen con métodos de autoayuda infalibles, según ellos. Aun cuando iniciaron sus ministerios con la unción de Dios, dirigidos por el Señor y con el fin de alcanzar el objetivo de difundir la revelación divina para rescatar a los perdidos, parecen haber olvidado el ejemplo de David para seguir los pasos de Saúl. Ni siquiera la reiterada petición de otro Saúl en el Nuevo Testamento —el de Tarso (y que también era de la tribu de Benjamín, como el monarca), cuando dijo: «Sed imitadores de mí, así como yo de Cristo» (1 Corintios 11:1)— les insta a imitar la humildad del Rey de reyes y Señor de señores: Jesús. Es muy triste ver ceder a grandes instrumentos de Dios ante las asechanzas del diablo, pero ese es el trabajo del enemigo.

Preguntas

1. Como seguidores de Cristo, ¿cuáles son los rasgos de Jesús que debemos mostrarle a la gente? Explique.

_____

_____

_____

2. Según lo dicho en este capítulo, ¿para quién o quiénes es el evangelio?

_____

_____

_____

3. ¿Cuál era el secreto de la humildad de David y que hoy es útil para nosotros? Explique.

_____

_____

_____

4. ¿Por qué cree usted que se necesitan hombres de la talla de David en estos tiempos? Exponga sus comentarios.

_____

_____

_____

4
LAS
MOTIVACIONES

Jehová ... también
me librará de la mano
de este filisteo.
—1 Samuel 17:34-37

Cada mañana y cada tarde, en un periodo de cuarenta días, el enorme filisteo salía a retar a los escuadrones de Israel. Es innegable que ese filisteo usaba la intimidación como arma diabólica que generaba desgaste en el objetivo en el que se enfocaba. Eso era lo que hacía aquel gigantón cada día al salir a desafiar a los hombres de Israel. Es algo parecido a lo que hoy llamamos *bullying* o acoso, hostigamiento o coerción. Cuando alguien abusa de la condición de otra persona y la humilla, la veja, la avergüenza con el solo objeto de satisfacer sus ínfulas de superioridad sobre los demás o sus pretensiones de poder. El temor que infundía Goliat en los que lo oían hacía que sus receptores desmayaran, se sintieran debilitados e incapaces de aceptar el reto y salir en defensa tanto de su ejército como de su pueblo. Las consecuencias del hostigamiento en la víctima, por lo general, son profundas y pueden causar un daño terrible en la salud mental así como en la física. Eso lo sabían los filisteos muy bien, aunque en aquella época todavía no se había desarrollado la ciencia de la psicología. Que me disculpen mis queridos amigos psicólogos, con todo respeto, pero antes de que ellos aparecieran en escena esa materia se usaba mucho, para bien y para mal.

Así que podemos ver que la intención de Goliat al lanzar el desafío era precisamente intimidar a sus adversarios y sembrar el miedo entre ellos. Cosa que logró. Esa inseguridad que provoca el temor hace que la gente se paralice, pero cuando alguien decide creerle a Dios y cuando alguien decide lanzarse, aun con miedo, nos sorprendemos al ver los resultados. Nos sorprendemos, pero obviamente hay que lanzarse por fe y hay que actuar conforme a las Escrituras.

Es lo mismo que le ocurre a usted cuando el enemigo de su alma pone obstáculos en su camino a la consecución de alguna meta que se ha trazado. Él usa voces intimidatorias que se apoderan del valle de su cerebro, de una manera que le impide ver al Dios que siempre le saca triunfante de las situaciones que se le presentan en la vida. Esas voces son como gigantes que se interponen en su senda a la victoria. Voces que atormentan su existencia e intentan quebrantar su voluntad para que llegue al punto en que ceda a las pretensiones del enemigo. El diablo emplea inmensas cantidades de voces, de todo tipo, con las que trata de que usted reciba una lluvia de ideas que atormentarán su cerebro y lo acorralarán con pensamientos de incapacidad, de inutilidad, de derrota y hasta con tendencias suicidas. El enemigo es experto en poner al creyente en una encrucijada, es ducho en situarlo entre la espada y la pared, de modo que cuando usted llega a una circunstancia así, cualquier tragedia puede suceder. Puede equivocarse y ceder al chantaje del maligno.

El diablo usa legiones de demonios para alcanzar sus perversos fines, pero también emplea demonios específicos para lograr sus fines con el creyente. Es decir, tiene equipos especializados en diversas áreas de ataque y debilitamiento de su objetivo principal: el cristiano de verdad. Veamos ahora algunos detalles importantes que implementó el equipo de inteligencia filisteo (EIF), algo así como la Agencia Central de Inteligencia (CIA) de Estados Unidos o el antiguo Comité para la Seguridad del Estado (KGB) de Rusia. En primer lugar, escogieron a un hombre que con su sola presencia infundiera terror entre sus adversarios. Un tipo de casi tres metros de altura. Altanero, fanfarrón, insultante, burlón, orgulloso, despreciador y pare usted de contar vilezas. En segundo lugar, era un veterano en guerras, tanto que algunas versiones bíblicas lo catalogan de «campeón»; es decir, era un experimentado y galardonado gladiador que no solo participaba en las batallas sino que las ganaba aplastando y destruyendo a sus contendientes. Tenía unos antecedentes bélicos envidiables.

En tercer lugar, la indumentaria protectora que portaba era impresionante, un casco que resguardaba su cabeza de cualquier golpe fuerte, una malla metálica que recubría su tórax y protectores para los brazos y las piernas que lo blindaban ante cualquier ataque. En cuarto lugar, llevaba un armamento sofisticado para aquellos tiempos: una jabalina de bronce sobre el hombro y una lanza con tecnología de las más avanzadas, con una punta de hierro letal. Como si fuera poco, lo acompañaba un escudero. El narrador bíblico no describe este último elemento, pero debe haber sido un tipo también armado y entrenado para facilitarle las cosas al gigante. Y aun más, Goliat estaba absolutamente preparado para apabullar a sus adversarios con su verbo, con su lenguaje corporal y con su condicionamiento psicológico para la batalla. Es por eso que escogió sus palabras y calculó los efectos que sentirían sus contendientes con una clase de insultos muy bien elaborados que profirió contra ellos, además de sus gestos intimidatorios.

La motivación de ese impío era totalmente destructiva, intentaba derrotar a sus enemigos con su sola presencia y su discurso atemorizante. Y no se equivocó en sus cálculos, porque tanto el rey desechado por Dios como sus escuadrones se aterrorizaron con el solo hecho de oír los pasos del gigante cuando salía al valle que separaba a los dos ejércitos con el objeto de desafiarlos y turbarlos. El tipo sabía lo que hacía, por eso actuaba con premeditación y alevosía.

En lo relativo a nosotros, el enemigo de nuestras almas usa las malas motivaciones para penetrar nuestros pensamientos e inducirnos a actuar en consonancia con sus planes destructivos. De ahí que surjan las rebeliones en nuestro peregrinar cristiano cuando algo nos parece inadecuado y cedemos a la carne con sus incitaciones. Los arrebatos carnales pueden dominarnos momentáneamente y causar graves perjuicios a nuestra vida. A causa de ello, podemos rebelarnos contra Dios, distanciarnos de él y hasta separarnos de nuestro Señor. Cuando eso ocurre es importante recordar que Dios considera la rebelión al mismo nivel del pecado de adivinación, el cual implica hechicería, brujería, idolatría y muchos otros pecados horrorosos.

Ante una situación así la única solución viable para destruir esas motivaciones malsanas es, como dice el apóstol Pablo, «derribar ... toda altivez que se levanta contra el conocimiento de Dios ... llevando cautivo todo pensamiento a la obediencia a Cristo» (2 Corintios 10:5). Por lo tanto, es importantísimo que no ignore que el enemigo usará cualquier asechanza que le haga sentir intimidado y que tratará de impedir que usted avance a la conquista de los objetivos que Dios quiere que alcance.

De modo que ante cualquier motivación, asechanza, maquinación o intento satánico que pueda presentarse ante usted, recuerde la promesa más segura que tenemos a la mano: «todo lo puedo en Cristo que me fortalece» (Filipenses 4:13). Nada hay contra el creyente que se acoge a esta promesa divina. No es un mantra de la nueva era, no es una frase de autoayuda, es una promesa del propio Dios para cada uno de sus hijos. Y, como si eso fuera poco, tenemos muchas otras promesas divinas que se concretan en el momento en que lo necesitemos.

El fruto de la intimidación

El relato dice que «oyendo Saúl y todo Israel estas palabras del filisteo, se turbaron y tuvieron gran miedo» (1 Samuel 17:11). Las expectativas del gigante se cumplieron. Todos sus adversarios se aterrorizaron. No me imagino lo que debió haber pensado el monarca desechado por Dios en aquellos momentos, pero lo cierto es que también sintió miedo y él tenía un motivo muy especial para sentirse así. ¿Por qué? Porque Goliat era el gigante entre los filisteos, pero Saúl era el gigante entre los israelitas. Porque la Escritura dice que Saúl, como israelita, era más alto que cualquier otro hombre en Israel. Como dice la versión bíblica Nueva Traducción Viviente:

> «Saúl era el hombre más apuesto en Israel; era tan alto que los demás apenas le llegaban a los hombros».
> —1 Samuel 9:2

Quiere decir que, por sentido común, si yo soy el hombre más grande de todo Israel y yo soy el rey de la nación, el general del ejército, ¿a quién le corresponde enfrentarse a Goliat? A mí, por supuesto. ¿Entiende? Está muy claro, ¿o no? Pero el primero que se atemorizó, el primero que sintió sus piernas temblar, el primero que flaqueó ante aquella amenaza fue el gigante de Israel. Entonces, al ver aquello... ¿qué pasó con los demás? Pues, el temor invadió al resto del pueblo.

Por otra parte, me imagino que Saúl —en medio de tal amenaza— convocó a sus generales y a su personal de confianza a una reunión urgente para determinar la estrategia a seguir ante aquella situación. Aquello debe haber sido un pandemonio. Todos creían que el más grande del ejército de Israel debía salir a enfrentar al filisteo que los desafiaba. Y ese era, precisamente, Saúl. Pero, ante la perplejidad del monarca, ninguno de sus hombres más calificados supo qué decir; ninguna estrategia surgió de aquellas reuniones que los soldados sostuvieron con su jefe máximo. Todo fue en vano. El teatro de operaciones bélicas parecía estar a favor del ejército unido de los filisteos. Para ellos, la derrota era inminente.

Todos fueron presa de la intimidación que les infligió Goliat. Pero, si analizamos el caso, veremos que la intimidación en sí misma es un gigante que se yergue en nuestro interior para debilitarnos e impedir que alcancemos los objetivos que nos planteamos. El diablo emplea la intimidación para frustrar nuestros planes. Sin embargo —como cristianos—, a un gran mal debemos aplicar una gran solución: «Todo lo puedo en Cristo que me fortalece» (Filipenses 4:13). Cuando apelamos a la Palabra de Dios, cuando nos dejamos empoderar por el Espíritu Santo, suceden cosas maravillosas; hay sanidad, liberación, se siente el poder de Dios.

Por tanto, cuando el enemigo de las almas intente acorralarlo e intimidarlo no le dé tiempo, no se detenga a pensar mucho en la manera de vencerlo. Si se detiene a cavilar, está perdido. Al diablo no se le puede dar ni siquiera una mínima oportunidad. Así que eche mano rápidamente del poder y la autoridad que Dios le ha dado por medio de su hijo Jesucristo, sométase a Dios, mi amado hermano, resista al enemigo y ese pobre diablo —porque eso es lo que es— huirá de usted. Reprenda al diablo en el nombre del Señor. No siga cediendo a las artimañas de ese enemigo derrotado, porque solo son eso: artificios, ya que él sabe muy bien que está derrotado y que su fin es el lago de fuego que le espera por la eternidad. Recuerde que el diablo está vencido. Lo único que él hace es dar pataleos de ahogado, como dicen por ahí. El diablo es un farsante, es padre de mentira. No lo olvide.

MOTIVACIONES CORRECTAS

Mientras toda esa situación se desarrollaba, el joven que fue ungido por Samuel para que asumiera el cargo de rey de su pueblo cumplía las órdenes que su padre le impartía. Antes de continuar, no se me puede olvidar destacar que uno de los actos de humildad más tremendos que cualquiera de nosotros —como líderes y ministros— podemos manifestar, es ser obedientes cuando nos dan instrucciones. Buena lección la que nos da David en este aspecto. Así que en una de esas ocasiones, dice la Biblia que «se levantó, pues, David de mañana, y dejando las ovejas al cuidado de un guarda, se fue con su carga como Isaí le había mandado; y llegó al campamento cuando el ejército salía en orden de batalla» (1 Samuel 17:20).

Otro aspecto muy relevante que podemos ver en David es la responsabilidad que lo caracterizaba. Fíjese que antes de salir a cumplir con la orden que le dio su padre, el jovencito buscó a un guarda para que se encargara de apacentar las ovejas, ya que no quería dejarlas al garete. Este joven manifestaba las virtudes de un hombre con experiencia. Cualquier otro habría salido en carrera —y embargado de alegría— a visitar a sus hermanos en el campo de batalla y hubiera dejado todo por ver lo que pasaba en aquel teatro de operaciones bélicas.

Cuando David llegó a ese escenario, el caos imperaba en los escuadrones judíos y, en medio de eso, los rumores y la sensación de derrota por parte de los hebreos se sentía en el ambiente. Los dos ejércitos estaban ubicados en sus respectivas posiciones para enfrentarse con el fin de destruir al contrario y esclavizarlo. Había un gran despliegue de armamentos por parte de las huestes filisteas, sus guerreros estaban en perfecta formación listos para atacar al oír la orden, etc. Aquello parecía una película. El guion era perfecto. Su productor era el mismo Dios. El ejército salía en fila en dirección al teatro de operaciones, pero faltaba alguien muy importante. Faltaba el gigante que habría de darle la victoria a Israel, porque cuando alguien sale a un campo de batalla —a luchar— es a ganar a lo que va.

El asunto es que no había tal gigante, bueno… al menos de tamaño no lo había… lo que sí había era un gigante de espíritu llamado David. El chico, apenas llegó a entregarles la encomienda a sus hermanos, oyó el rumor acerca del gigante filisteo que retaba al ejército de Israel. Eso lo inquietó, por lo que empezó a indagar al respecto. Aunque David preguntó por la recompensa que ofrecían a quien venciera al filisteo, su verdadera motivación era honrar a Dios.

De modo que Saúl se enteró de la inquietud de David y ordenó que lo llevaran a su presencia. Una vez reunidos, el rey reconvino al pastorcito y le dijo que no estaba preparado para pelear contra aquel gigante. Entonces

«David respondió a Saúl: Tu siervo era pastor de las ovejas de su padre; y cuando venía un león, o un oso, y tomaba algún cordero de la manada, salía yo tras él, y lo hería, y lo libraba de su boca; y si se levantaba contra mí, yo le echaba mano de la quijada, y lo hería y lo mataba. Fuese león, fuese oso, tu siervo lo mataba; y este filisteo incircunciso será como uno de ellos, porque ha provocado al ejército del Dios viviente. Añadió David: Jehová, que me ha librado de las garras del león y de las garras del oso, él también me librará de la mano de este filisteo».

—1 Samuel 17:34-37

La motivación de David era engrandecer a Jehová, glorificar su nombre y, colateralmente, bendecir al pueblo de Israel, lo cual logró. Su motivación al ir a la guerra no fue la recompensa económica. No fue convertirse en príncipe. No fue tener la hija del rey. No fue eximir a sus padres del pago de impuestos, aunque todo eso se hizo realidad con su heroico acto. La motivación de David era resultado de una actitud conforme al corazón de Dios. Cuando actuamos bajo esa clase de premisa, ¿cómo no nos va a respaldar Dios? ¿Cómo no va a ir con nosotros a la guerra que sea? ¿Cómo no nos va a defender cuando esas son nuestras motivaciones? Dios va a respaldar a todo aquel que tenga las motivaciones correctas.

Permítame hacer una acotación aquí. Debo confesar que una vez estaba tan enojado, que le dije a un pastor amigo que iba a darle por la cabeza a un fulano por algo que había hecho. Y ese pastor, con mucha mansedumbre, me dijo: «Rey, le quiero decir muy respetuosamente que no haga eso por ese motivo. Lo que vaya a hacer, hágalo para honrar el nombre del Señor, pero no lo haga para darle por la cabeza a nadie, ni para demostrarle que usted tiene la razón».

Cuando procesé esas palabras que me dijo, hermano, sentí una conmoción por dentro, algo tan fuerte que ahí mismo empecé a pedirle perdón al Señor y a darle gracias. También agradecí a ese pastor porque tuvo el valor de decirme que no hiciera nada con la motivación equivocada. Y el consejo de ese pastor me libró de cometer un error mayúsculo. Así que se lo vendo al costo. Recuerde esto: nunca haga nada con la motivación equivocada. Hágalo todo por amor. Aunque se enoje, aunque tenga razones para sentirse como se sienta, hágalo todo para la gloria de Dios y por amor aun a sus enemigos.

Cuando uno hace las cosas por los motivos correctos lo primero que sucede es que glorifica a Dios, que debe ser el objetivo principal de cada cristiano. Además, bendice al que recibe lo que uno hace y, por último, uno disfruta del gozo de hacer algo por los demás. ¡Qué gran alegría siente usted cuando hace algo positivo por otra persona! Por eso es importante que todo lo que usted haga sea, en primer lugar, para la gloria de Dios. David peleó contra el gigante para que Dios fuera glorificado. Y, en verdad, la gloria fue para Dios. Si el pastor de ovejas convertido en guerrero hubiera peleado para obtener el crédito por sus hazañas, otra sería la historia. Es más, no se conocería el desenlace.

Hoy muchos cristianos actúan y se mueven por diversas motivaciones, menos por la principal: dar gloria a Dios en todo lo que se hace. Por eso vemos creyentes débiles en la fe, llenos de contradicciones, confundidos y adoptando la personalidad que declara el apóstol Santiago: personas de doble ánimo (Santiago 1:8). Líderes estimulados por ganancias deshonestas, ministros en busca de fama y fortuna. Todo ello y mucho más a causa del afán desmedido generado por las motivaciones incorrectas. Que el Señor nos libre de que seamos estimulados por motivos distintos al de buscar la gloria de Dios en todo lo que hagamos.

Por tanto, amado lector, ¿cuál es su motivación al hacer algo en su diario vivir? ¿Qué le estimula a servir en la obra de Dios? ¿Qué le impulsa a seguir a Cristo: servir a otros o recibir recompensas por sus actos? ¿Qué le mueve a involucrarse en la guerra espiritual? Acaso ¿será predicar el evangelio para la salvación de otros? O ¿será la satisfacción de concretar una meta que agregue valor a su prestigio? Cualquiera sea la motivación que le impulse, busque la voluntad de Dios para usted. Persiga todo lo que le dé la gloria a Dios. Recuerde que somos escogidos «para alabanza de la gloria de su gracia» (Efesios 1:6). No olvide que el apóstol Pablo recalcó que fuimos hechos «según el designio de su voluntad, a fin de que seamos para alabanza de su gloria» (Efesios 1:11-12). Ese es el objetivo principal del cristiano: alabar a Dios y darle toda la gloria a él. Alabar, adorar y glorificar a Dios es el motor que le da movimiento a todo su peregrinar en el camino a la morada celestial con Cristo.

REPASO DE ESTE CAPÍTULO

El temor que infundía Goliat en los que lo oían hacía que sus receptores desmayaran, se sintieran debilitados e incapaces de aceptar el reto y salir en defensa tanto de su ejército como de su pueblo. Las consecuencias del hostigamiento en la víctima, por lo general, son profundas y pueden causar un daño terrible en la salud mental así como en la física. Eso lo sabían los filisteos muy bien, aunque en aquella época todavía no se había desarrollado la ciencia de la psicología. Que me disculpen mis queridos amigos psicólogos, con todo respeto, pero antes de que ellos aparecieran en escena esa materia se usaba mucho, para bien y para mal. Así que podemos ver que la intención de Goliat al lanzar el desafío era precisamente intimidar a sus adversarios y sembrar el miedo entre ellos. Cosa que logró. Esa inseguridad que provoca el temor hace que la gente se paralice, pero cuando alguien decide creerle a Dios y cuando alguien decide lanzarse, aun con miedo, nos sorprendemos al ver los resultados. Nos sorprendemos, pero obviamente hay que lanzarse por fe y hay que actuar conforme a las Escrituras.

PREGUNTAS

1. ¿Cuál era el arma que usaba Goliat contra los ejércitos de Jehová que le daba tan buenos resultados?

   _____

   _____

2. Si usted sufriera acoso de algún tipo, ¿qué haría? Acaso, ¿tiene algún arma contraofensiva para vencer a esos gigantes? Explique.

_____

_____

_____

3. ¿Cuál era la verdadera motivación de David al ir a la guerra y enfrentarse al gigante?

_____

_____

_____

4. Según lo analizado, ¿cuál debe ser la motivación correcta en la vida de cada cristiano.?

_____

_____

_____

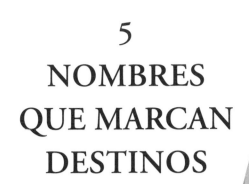

5

NOMBRES
QUE MARCAN
DESTINOS

No hay otro nombre bajo el cielo
… en que podamos ser salvos.
—Hechos 4:12

El nombre es un elemento muy relevante en la vida de cada individuo, muchas veces afirma el destino que los padres quieren para sus hijos. De ahí que algunos opten por llamar a sus criaturas con nombres como «María», «José», «Juan», «Ester», apelativos que evocan pureza, bondad, amor, firmeza, etc. Hay personas que pasan meses reflexionando en el nombre que darán a sus hijos mucho antes de que nazcan, mientras que otras les asignan lo que se les ocurra al momento de tener a la criatura en sus brazos por primera vez. Es muy interesante observar que cada cultura tiene sus métodos y costumbres para asignar nombres a las personas. Algunos lo asocian a cosas tan sencillas como colores, cualidades, adjetivos, plantas, animales, cuerpos de agua, fenómenos naturales, montañas, puntos cardinales, sitios sagrados, seres mitológicos, constelaciones, astros —el sol, la luna—, flores, semillas, deidades y deje usted de contar.

Hay un leyenda que afirma que cuando nace un bebé en una tribu aborigen, el nombre que se le asigna puede surgir a raíz de lo primero que vea aparecer el padre al observar a su criatura arribar a este mundo. Por ejemplo, si al momento del nacimiento, pasa una nube blanca y el padre la ve, puede ocurrírsele darle el nombre de Nube Blanca a la criatura, sea varón o hembra. O si, en ese feliz momento, el sol está en su cenit el nombre que elija puede ser: Sol Fuerte, Sol Resplandeciente o cualquier cosa que se refiera al astro rey. De ahí que oigamos nombres tan famosos como: Toro Mugiente, Luna Llena, Lobo Audaz, etc. Sin embargo, eso no solo ocurre entre las tribus indígenas. Otra leyenda más urbana dice que en Cuba se puso muy de moda un nombre femenino que surgió cuando se veía a los grandes barcos atracando en el muelle principal de la isla. Algunos de esos navíos llevaban la inscripción: «U. S. Navy», que quiere decir simplemente: «Armada de Estados Unidos», pero la creatividad de los isleños elevó esa sencilla frase a la categoría de apelativo y así fue como surgió «Usnavy», nombre con el que —desde entonces— se conoce a muchas mujeres cubanas.

Por otro lado, hay padres que como no le dan valor al nombre que tendrán sus hijos, optan por asignarle cualquiera que esté de moda o el de algún personaje que les llame la atención. Es así como vemos niñas con nombres como «Atalía», «Dalila», «Asera», «Cleopatra», «Afrodita», «María Lionza» u otros, los cuales evocan a las mujeres más malvadas de la historia o a deidades malignas. O vemos niños con nombres como «Caín», «Jeroboam», «Stalin» o «Eleguá», apelativos que representan la maldad a su máxima expresión. Claro, esos padres ignoran el significado de esos nombres; aunque a veces pienso que otros saben lo que significan y de todos modos se los asignan a sus criaturas. ¿Quién no conoce a algún chico llamado Stalin o a una chica que tenga por nombre Jezabel?

No obstante, asignar el nombre de un individuo —para los hebreos— era un acto ceremonial y lleno de significado, y a menudo era dirigido por Dios. Por lo general, el progenitor le asignaba a la criatura un nombre que significara o tuviera que ver con cualidades o atributos ideales de una persona. Tenemos muchos ejemplos, pero recordemos unos pocos. Uno de los primeros casos es el de Abraham, que quiere decir «padre de multitudes», aunque este se lo asignó el propio Dios. Otro de los casos más emblemáticos es cuando Dios les hizo una promesa que parecía una locura a Abraham y a Sara. Les dijo que el hijo que nacería en la vejez de ellos se llamaría Isaac, que significa «risa», nombre que está asociado a la alegría, al gozo, a lo grato. Y ¿qué fue lo que hizo Sara cuando oyó la promesa de Dios? Estalló en risas. Veamos lo que dice la Palabra: «Y Sara escuchaba a la puerta de la tienda, que estaba detrás de él. Y Abraham y Sara eran viejos, de edad avanzada; y a Sara le había cesado ya la costumbre de las mujeres. Se rio, pues, Sara entre sí, diciendo: ¿Después que he envejecido tendré deleite, siendo también mi señor ya viejo? Entonces Jehová dijo a Abraham: ¿Por qué se ha reído Sara diciendo: Será cierto que he de dar a luz siendo ya vieja? ¿Hay para Dios alguna cosa difícil? Al tiempo señalado volveré a ti, y según el tiempo de la vida, Sara tendrá un hijo. Entonces Sara negó, diciendo: No me reí; porque tuvo miedo. Y él dijo: No es así, sino que te has reído» (Génesis 18:10-15). La versión bíblica de la Nueva Traducción Viviente lo dice de la siguiente manera: «Entonces ... dijo: "Yo volveré a verte dentro de un año, ¡y tu esposa, Sara, tendrá un hijo!". Sara escuchaba la conversación desde la carpa. Abraham y Sara eran muy ancianos en ese tiempo, y hacía mucho que Sara había pasado la edad de tener hijos. Así que se rio en silencio dentro de sí misma, y dijo: "¿Cómo podría una mujer acabada como yo disfrutar semejante placer, sobre todo cuando mi señor —mi esposo— también es muy viejo?". Entonces el Señor le dijo a Abraham: "¿Por qué se rio Sara y dijo: ¿Acaso puede una mujer vieja como yo tener un bebé? ¿Existe algo demasiado difícil para el Señor? Regresaré dentro de un año, y Sara tendrá un hijo". Sara tuvo miedo, por eso lo negó: "Yo no me reí". Pero el Señor dijo: "No es cierto, sí te reíste"».

Supongo que —al final—, fue Dios el que se reía a carcajadas viendo a aquella viejita burlona, incrédula y mentirosa pariendo al hijo de la promesa. Señores, por eso es que, insisto, Dios tiene cosas raras, locuras (como las llamo). Pero se divierte con nosotros al máximo. El sentido del humor de Dios es divino, valga la redundancia.

Así podemos ver muchos otros casos en las mismas Escrituras, por ejemplo, el del nombre de Moisés, que significa «sacado del agua», ¿qué tiene que ver ese nombre con lo que significa? Usted debe saberlo… sí… y no es porque el pequeñín de Jocabed y de Amram estuviera flotando en el río Nilo acostado en un moisés, como le dicen ahora a las canastitas en las que ponen a descansar a los bebés, las cuales le deben su nombre al libertador de Israel. O el ejemplo del nombre Enmanuel, que quiere decir: «Dios con nosotros»; o el del propio Hijo de Dios: «Jesús», que significa «salvará a su pueblo de sus pecados». De modo que es asombroso saber el poder que implica un simple nombre y de esto —disculpen que insista— se habla en toda la Biblia.

Es así que también podemos ver al profeta Nehemías —nombre que significa «Dios consuela»—, cuando dice: «¡Te hiciste un *nombre* hasta el día de hoy!» (9:10 BJ, énfasis mío), en referencia al poder del nombre. Por otra parte, Jeremías —que significa «Dios consuela»—, afirma: «Poderoso es tu *nombre*» (10:6, énfasis mío), lo que reafirma el poderío que yace en un nombre bien pensado. Sin embargo, me duele el corazón cuando veo a muchos recién casados en las iglesias —a la hora de buscar nombres para sus hijos— que van de aquí a allá, investigando superficialmente y hasta recurren a las librerías o a internet para comprar libros o revistas que les ayuden en la tarea, sin considerar siquiera al amplio y variado catálogo de hermosos y significativos nombres que tienen en sus propias biblias.

En este ambiente de superficialidad y mediocridad en que estamos actualmente, las personas no se detienen a reflexionar en la vida que han de darles a sus hijos. Una de las cosas que más incitan el acoso o *bullying* en las escuelas es el nombre de los chicos. Por ejemplo, supongamos el caso de un hijo del Señor Juan del Pozo. A este señor padre se le ocurrió darle el lindo nombre «Zacarías» a su criatura. Por lo que sus compañeros escolares se la pasan molestándolo con preguntas como: «Zacarías del Pozo, ¿qué vas a sacar de ahí?» o «¿Qué Zacarías del Pozo, amigo, dinos qué?». Y así muchos nombres. Es que la gente está tan afanada en tantas cosas que no le da importancia a lo que en verdad se merece una cuidadosa atención. Esa es una situación muy triste que vemos a diario cuando nos enteramos del nombre de algún vecino o de otra persona. Así que piense muy bien en el nombre que le va a dar a un hijo. Este se lo agradecerá toda la vida. En caso contrario, puede generar un resentimiento tal que es probable que la persona piense en cambiarse su nombre.

En mi caso particular, no sé en qué estaban pensando mamá y papá cuando decidieron que mi nombre sería Rey. Es probable que vieran en este hermoso retoño —que escribe para ustedes— un monarca perteneciente a la realeza borinqueña. O a lo mejor fue porque uno de ellos soñaba con la monarquía europea... o esperaba que me convirtiera en un emperador... no sé. Lo cierto es que mi nombre fue un anuncio profético de lo que hoy soy: un hijo del Rey de reyes y Señor de señores. Y los hijos de un rey son reyes o, al menos, empiezan por príncipes y llegan a ser reyes. Por mi parte, soy Rey Matos, mi nombre lo designó Dios, el Rey del universo. De modo que estoy muy agradecido a Dios por haber guiado a mis padres cuando decidieron darme ese nombre.

NOMBRE SOBRE TODO NOMBRE

Ahora bien, ¿qué tiene que ver el nombre, y toda esa exposición que acabo de hacer previa a este subtítulo, con el tema de David que estamos estudiando? Tiene que ver mucho. Y lo vamos a considerar ahora. Aunque ya mencionamos los significados de algunos nombres, observe las Sagradas Escrituras. ¿Sabe qué significa el nombre «David»? Pues, simplemente «amado». El joven hijo de Isaí era amado por Dios. David personifica al amor. Además, ¿cuántas veces cree usted que aparece el nombre David en el Antiguo y el Nuevo Testamento? ¿Me cree si le digo que aparece casi mil veces? Para ser exactos, en la Biblia versión Reina Valera aparece mencionado 982 veces tanto en el Antiguo Testamento como en el Nuevo. Mientras que el nombre Jesús, solo en el Nuevo Testamento, aparece 917 veces, sin embargo, este es el Nombre sobre todo nombre. Único nombre en el cual hay salvación. Así que volvamos al escenario en el que se desarrolla el reto de Goliat al ejército de Israel, donde ese Nombre destruye al gigante.

Bueno... lo cierto es que en vista de que no salía nadie a luchar contra el filisteo —y aquí es válido que cambiemos los papeles—, el gigante David decidió enfrentarse al enano Goliat, porque hoy podemos decir eso; el gigante era aquel joven de pequeña estatura que iba provisto con la mejor de las armas —la unción de Dios— y no el filisteo que iba con un gran armamento y hasta con un escudero. Así que David se acerca al centro del cuadrilátero y lo primero que recibe es el menosprecio de Goliat, que lo considera un esperpento por venir a enfrentarlo con un palo, una onda y un saquito pastoril en el que llevaba el proyectil que acabaría con la vida del enorme enano.

El gigantón se burla del joven, lo insulta, lo maldice y lo reta a acercársele para destrozarlo y darlo de comida a las aves de rapiña y a las bestias del campo. «Entonces dijo David al filisteo: Tú vienes a mí con espada y lanza y jabalina; mas yo *vengo a ti en el nombre de Jehová de los ejércitos* [aquí está, este es el punto], el Dios de los escuadrones de Israel, a quien tú has provocado. Jehová te entregará hoy en mi mano, y yo te venceré, y te cortaré la cabeza, y daré hoy los cuerpos de los filisteos a las aves del cielo y a las bestias de la tierra; y toda la tierra sabrá que hay Dios en Israel. Y sabrá toda esta congregación que Jehová no salva con espada y con lanza; porque de Jehová es la batalla, y él os entregará en nuestras manos» (1 Samuel 17:45-47, énfasis mío). Si nos detenemos a analizar la actitud de David, el discurso del pastorcito es mucho más elocuente y más poderoso que el del gigante Goliat.

El discurso del gigante estaba lleno de bravuconerías, de insensateces, de odio, de malos sentimientos. El gigante iba a pelear en el nombre de un ser insignificante: Goliat, un total desconocido, un bravucón y engreído, un bueno para nada. Por otro lado, David sí sabía lo que significaba un nombre, el tipo estaba consciente del valor del nombre de Dios. El joven pastor sabía lo que todo israelita debía saber, que «Jehová nuestro Dios, Jehová uno es» (Deuteronomio 6:4) o lo que es lo mismo: «Escucha Israel, Adonai es nuestro Señor, Adonai es Uno». Esa frase es la expresión fundamental del monoteísmo judío, es decir, «No hay otro dios que no sea Adonai, Jehová; no lo hay». Frase conocida como Shemá Israel. Además, es una incalculable fuente de recursos para cada uno de los miembros del pueblo de Dios hasta el día actual. Sépalo bien. Usted tiene que conocer a Dios por su verdadero nombre y entender el significado del mismo. Por eso hay muchísimos nombres a los cuales recurrir cuando nos referimos a nuestro Dios. Jireh, proveedor. Rafa, sanador. El Elyón, Dios Altísimo. Enmanuel, Dios con nosotros. El Roi, el Dios que me ve. Y muchos otros que nos permiten ver la variedad de cualidades divinas.

Así que, créalo o no. ¿Sabe por qué David se atrevió a aceptar el reto del filisteo? Porque sabía que con solo declarar el Nombre —que es sobre todo nombre— podía conquistar reinos y vencer gigantes del tamaño que fueran. Algo parecido ocurrió cuando el arcángel Miguel se enfrentó a Satanás disputándole el cuerpo de Moisés. Dice la Escritura que Miguel solamente dijo: «El Señor te reprenda» y, en el nombre del Señor, el diablo tuvo que huir; no pudo resistir ni siquiera la mención del nombre del Señor. El propio David afirma en el salmo 20: «El nombre del Dios de Jacob te defienda». Y en el Nuevo Testamento no son pocas las veces en que los discípulos sanaban y echaban fuera demonios en el nombre de Jesús.

Vuelvo a insistir, es muy interesante notar la importancia que tiene el nombre en la cultura hebrea. En hebreo, el nombre es más que simplemente un apelativo por el que se llama a alguien. El nombre es, entre otras cosas, la esencia, la naturaleza física y profética, el carácter, la reputación, la autoridad y hasta la memoria de la persona. Por tanto, cuando un niño nacía el nombre no se escogía bajo ninguna premisa vana, de moda o pasajera. El nombre se determinaba según lo que el padre de la criatura percibiera en esa nueva personita.

Pero nosotros no solo tenemos el Nombre, tenemos su Espíritu en nuestro interior, tenemos al Espíritu Santo morando dentro. De modo que, por más débiles que nos sintamos, estamos mucho más equipados para la batalla que Satán. Pero ¿qué pasa? Él se aprovecha del temor que le infunde a la gente, emplea la intimidación, presiona hasta ver qué logra hacer con nosotros. Nosotros, sin embargo, tenemos que meternos eso en la cabeza y tenerlo bien claro, porque aunque la espina dorsal se nos encrespe pensando a lo que tenemos que enfrentarnos, debemos desechar los pensamientos atemorizantes del maligno y entronar la Palabra de Dios en nuestra mente y nuestro corazón, de forma que entendamos que tenemos que olvidarnos de esas películas de terror que el enemigo despliega en nuestra imaginación y sepamos que tenemos autoridad en el Nombre que es sobre todo nombre y que, en ese sentido, no podemos permitir que el miedo nos embargue.

Debemos observar que Goliat emprendió su lucha en el nombre de su rey, en el nombre de su pueblo y en el suyo propio. En definitiva, a él no le importaba mucho en nombre de quién iba a pelear. A él lo que le interesaba era destruir al oponente que le enviaran. Y eso me hace pensar en lo inútil que es luchar en el nombre de alguien que carece de autoridad, que carece de poder. Recuerdo las veces que el diablo me ha atacado y me ha incitado a que luche contra él con mis propias fuerzas y en mi propio nombre. Eso es lo que él busca, que nos envalentonemos en un nombre que no tiene nada qué ofrecer. Si hacemos eso, lo único que podemos lograr es recibir una respuesta como la que les dio un espíritu malo a los hijos de un tal Esceva:

«A Jesús conozco, y sé quién es Pablo; pero vosotros, ¿quiénes sois?».

—Hechos 19:15

Por otro lado, la autoridad de usar el nombre de Jesús
no le es dada a cualquier persona. Si así fuera muchos se
aprovecharían de ello. El propio Jesús dijo:

«Vendrán muchos en mi nombre, diciendo: Yo soy
el Cristo; y a muchos engañarán».

—Mateo 24:5

Y no solo lo dijo, lo vemos a lo largo de la historia de la
Iglesia y lo vemos a diario en el escandaloso surgimiento
de religiones, sectas y hasta de personalidades que se erigen
como representantes de Cristo pero, en realidad, no cono-
cen al Autor y Consumador de la fe. Muchos han tomado
el nombre de Jesús en vano y se han jactado de ser enviados
de Dios, pero sus obras los delatan y, al fin, son desenmas-
carados como farsantes que usan el nombre de Dios para
sus propios objetivos. Pero solo los que tenemos potestad
de ser llamados hijos suyos poseemos la autoridad para
usar el Nombre que es sobre todo nombre. Es más, el propio Cristo nos dice que «todo lo que pidiereis al Padre en
mi nombre, lo haré» (Juan 14:13).

De manera que le aconsejo que se apropie del Nombre
que es sobre todo nombre para que su nombre sea escrito
en el Libro de la Vida. Si hay algo que es seguro para cada
cristiano es que «no hay otro nombre bajo el cielo, dado a
los hombres, en que podamos ser salvos» (Hechos 4:12).
Solo en él hay salvación y, por ende, vida eterna.

REPASO DE ESTE CAPÍTULO

El nombre es un elemento muy relevante en la vida de cada individuo, muchas veces afirma el destino que los padres quieren para sus hijos. De ahí que algunos opten por llamar a sus criaturas con nombres como «María», «José», «Juan», «Ester», apelativos que evocan pureza, bondad, amor, firmeza, etc. Hay personas que pasan meses reflexionando en el nombre que darán a sus hijos mucho antes de que nazcan, mientras que otras les asignan lo que se les ocurra al momento de tener a la criatura en sus brazos por primera vez. Es muy interesante observar que cada cultura tiene sus métodos y costumbres para asignar nombres a las personas. Algunos lo asocian a cosas tan sencillas como colores, cualidades, adjetivos, plantas, animales, hidrografía, fenómenos naturales, montañas, puntos cardinales, sitios sagrados, seres mitológicos, constelaciones, astros —el sol, la luna—, flores, semillas, deidades y deje usted de contar.

Preguntas

1. De acuerdo a lo estudiado, ¿cree usted que asignar el nombre de una criatura es algo importante o significativo? Explique sus razones.

_____

_____

_____

2. ¿En nombre de quién salió a pelear David contra Goliat y en qué resultó todo aquello? Explique.

_____

_____

_____

3. ¿En nombre de quién salió a pelear Goliat y cuál fue el resultado? Explique.

_____

_____

_____

4. ¿Qué cree usted acerca del Nombre sobre todo nombre? Exponga sus argumentos.

_____

_____

_____

6
CELOS, MALVADOS CELOS

Irritóse mucho Saúl y le
disgustó el suceso, pues decía:
«Dan miríadas a David
y a mí millares;
sólo le falta ser rey».
—1 Samuel 18:8 BJ

Es necesario que vuelva otra vez al punto e insista en lo mismo. Llevamos tiempo estudiando a David y ustedes saben la razón por la que escogí a este extraordinario personaje: porque desde muy temprano —en los caminos del Señor— mantengo el deseo de aprender de ese siervo de Dios. Desde el día en que leí en las Escrituras que Dios testificó de David que era un hombre conforme a su corazón, me dije: «Ah, eso es lo que quiero para mí, anhelo ser esa clase de hombre». Ya tengo casi cincuenta años en los caminos del Señor; casi cincuenta años estudiando la vida de David y procurando imitar la fe, el carácter, la capacidad de amar que lo distinguía.

Sin embargo, los personajes célebres en la historia siempre han despertado grandes sentimientos entre los que los rodean. Sentimientos buenos, que llevan a imitarlos a ellos y sentimientos malos que llevan a las personas al odio, la crítica, los celos, la envidia y hasta al resentimiento, que es uno de los más perjudiciales. Y, pues, David no estuvo exento de ello. Por lo que aquel, que dice 1 Samuel 16:21, que «le amó mucho», también llegó a odiarlo muchísimo debido al éxito que el joven David tenía en todo lo que hacía. Como dice un sabio proverbio popular: «La envidia es el mal que produce el bien de los demás». Saúl sufría la envidia a su máxima expresión, debido a los triunfos que David cosechaba. Cada vez que el joven guerrero llegaba de sus exitosas campañas bélicas, el rey se complacía hasta cierto punto, pero le preocupaba la conmoción y la alegría con que el pueblo recibía a su campeón. Eso lo llevaba a un terrible conflicto por los celos que le causaba la situación.

La actitud de Saúl era singular. Al principio sintió, como dicen por ahí, «amor a primera vista» por David. Fue tanto su amor por el joven David que dice la Biblia que «le hizo su paje de armas» (1 Samuel 16:21), pero debido a ese amor sintió unos celos espantosos al ver la aceptación que tenía el joven entre su pueblo. De esa intensidad con que lo amaba surgieron también unos celos irracionales, los cuales derivaron en una profunda furia cada vez que veía al pueblo aplaudir y elogiar al joven David. y es que la Palabra de Dios señala que «los celos son el furor del hombre» (Proverbios 6:34).

LOS EFECTOS DE LOS CELOS

¿Le parece familiar esa sensación que tuvo Saúl? Cuando alguien en su entorno es más elogiado que usted, ¿le provoca hacer que esa persona desaparezca? ¿Le dan ganas de desaparecer usted? ¿Se ha detenido a examinar por qué ocurre eso? ¿Es capaz de considerar objetivamente lo que sucede? Cuando a un compañero de trabajo lo asignan a otra posición y no se la dan a usted, ¿reflexiona en el desempeño que usted ha tenido en la empresa y el que ha desarrollado la persona elevada a ese puesto? Cuando alguien en la iglesia es promovido a una posición de autoridad y a usted no lo toman en cuenta, ¿se ha puesto a pensar en el testimonio de esa persona en comparación con el de usted? Cuando el pensamiento maligno emerge en su cerebro, es bueno meditar en lo que ha venido haciendo con lo que Dios le ha dado; en las oportunidades que le ha presentado y en la manera en que ha lidiado con esos acontecimientos. Es entonces que debe apropiarse de la autoridad que tiene como hijo de Dios para reprender al demonio de los celos y la envidia que pretende embargar su vida y destruirla. Aférrese a Cristo y entienda lo que el Espíritu tiene que decirle. «El que tiene oídos para oír, oiga» (Mateo 11:15). Si usted oye la voz de Dios, y la obedece, es muy probable que pueda vencer al enemigo de su alma así como a todas las armas engañosas que él emplea para atacarlo e intentar sumirlo en la derrota.

Si no es suficiente con ese preámbulo, veamos algunos casos anteriores a David en los que los celos, desencadenados por la envidia, causaron estragos. Y no me diga que no recuerda uno de los primeros casos. El de Caín y Abel, que aparece en Génesis 4. El agrado que le produjo a Dios la ofrenda de Abel y la consecuente satisfacción que sintió Abel, fueron motivos suficientes para que su hermano reaccionara violentamente sin considerar lo que él mismo había hecho con la ofrenda que le presentó a Dios. La envidia, que es sinónimo de celos, siempre traduce lo bueno que le ocurre a una persona en perjuicio del individuo que ve esa consecuencia desde una perspectiva malsana, egoísta y errada.

En otro caso, podemos decir que la envidia que sentían los pastores de Lot por los de Abraham llevaron al primero a dejarse arrastrar por los celos y escoger las tierras que, aparentemente, eran mejores según su propio criterio. Los celos de Lot lo llevaron camino a Sodoma, mientras que la obediencia a Dios llevó a Abraham a conseguir las mejores tierras que al Creador le plació darle.

Por otra parte, si algo malo produjeron los celos en la vida de alguien fue la actitud de Raquel con Jacob que, debido a su incapacidad de darle hijos al patriarca, le aconsejó a este que procreara con otras mujeres. Y ¿qué pasó, entonces, con esos hijos cuando al fin Raquel tuvo un hijo de Jacob? Sencillamente que el fruto de los celos de Raquel se concretaron en los celos que sentían los hijos mayores de

Jacob por el pequeño José, que pagó con creces la envidia que le tenían sus hermanos. Claro, podemos alegar que ese era el plan de Dios, pero la realidad es que los celos solo generan maldad. Sin embargo, Dios tuvo a bien escoger al desechado José para cumplir su voluntad con ese pueblo rebelde que era Israel. El que fue desechado, a través de la intervención divina, se convirtió en el salvador de aquellos que lo vejaron y lo traicionaron. Los celos siempre son malos consejeros, pero Dios convirtió toda aquella tragedia en bendición para todo un pueblo.

LOS CELOS INFUNDADOS DE SAÚL

Así que volviendo al caso de David y su desempeño en el liderazgo del pueblo de Israel, podemos observar que todos sus triunfos y lo que había logrado con el ejército hebreo, lo único que produjeron en el rey Saúl fue un enorme enojo. Note que cuando los guerreros regresaron a casa, no brindaron por el rey Saúl ni por sus victorias, celebraban por David que los había llevado al triunfo. El que fuera un sencillo pastor de ovejas se convirtió en un personaje famoso de un momento a otro. Todo el mundo hablaba de él, lo mencionaban en todas las conversaciones. Era el nuevo referente público. Ahora era el héroe de toda la nación hebrea.

«Saúl hirió a sus miles y David, a sus diez miles» (1 Samuel 18:7) era la canción que se puso de moda en aquella época. ¿Por qué la gente decía eso, por emoción o porque en verdad había hecho proezas enormes? La Biblia dice que «cayeron los heridos de los filisteos por el camino de Saaraim hasta Gat y Ecrón» (1 Samuel 17:52, RVR1960). La Nueva Versión Internacional de la Biblia afirma lo mismo con las siguientes palabras: «Todo el camino, desde Sajarayin hasta Gat y Ecrón, quedó regado de cadáveres de filisteos»; y la Nueva Traducción Viviente lo dice de esta manera: «Los cuerpos de los filisteos muertos y heridos estuvieron esparcidos a lo largo del camino de Saaraim, hasta Gat y Ecrón».

En verdad es que la popularidad de David se hizo notoria no solo en Israel sino también en todos los pueblos aledaños. Esa es otra historia bastante larga. Pero el surgimiento de este hombre —hasta ese momento poco conocido— que peleaba y vencía en las batallas fue un fenómeno que el rey desechado, Saúl, no se esperaba. Lo que pasó es que el monarca estaba acostumbrado a que toda la atención del mundo se enfocara en él. Hasta el instante anterior al que el gigante Goliat cayó muerto —y con él miles de filisteos—, el centro de atención era Saúl. Pero ahora, eso cambió. Los reflectores giraron y se enfocaron en aquel joven que pasó de ser un sencillo pastor de ovejas a convertirse en el hombre más importante del mundo: David.

La Escritura dice que el monarca se enojó en gran manera cuando vio la fama que estaba alcanzando David; de forma tal que perdió su aplomo, perdió esa seguridad tan tremenda que ostentaba. Fue presa de la desesperación que le producía no ser el centro de todas las miradas. No obstante, tan rápido como David se convirtió en la persona más famosa del país, entró a ser parte de la lista negra de los enemigos jurados del rey Saúl. El odio se avivó en el corazón de este hombre y anidó los peores sentimiento de rencor, amargura, venganza y un largo etcétera de pensamientos dañinos.

Sin embargo, esa reacción del rey no es para sorprenderse, puesto que Saúl no tenía una buena relación con Dios.

Y ese es un punto clave. Debemos estar conscientes de que el carácter de la persona está directamente relacionado —o es proporcional— a la relación que mantenga con Dios. Es decir, en la medida que uno se relacione con Dios, va afinando su carácter y dando forma a toda su personalidad. Una buena relación con Dios es el catalizador perfecto para un buen desempeño en cualquier área de la vida. Todo el desempeño del cristiano se define por la relación que tenga con Dios. Esa es la esencia de una vida cristiana victoriosa. Si usted recorre el camino del evangelio de acuerdo a la voluntad de Dios, el triunfo de los demás no le sorprenderá. Al contrario, cuando vea eso, su respuesta ha de ser gozosa ante el éxito de los demás. Ahí se aplica la máxima que el apóstol Pablo expresó a los hermanos italianos y a nosotros en cuanto a llorar con los que lloran y gozarnos con los que se gozan (Romanos 12:15).

Esa relación con Dios era, precisamente, una de las carencias que padecía el rey Saúl. El fundamento de su vida no se basaba en una comunión saludable con su Creador. Saúl, como muchos hoy, pensaba que se las sabía todas, que él era suficiente para liderar al pueblo en la conquista de sus victorias. Saúl menospreció la instrucción divina y, por todo ello, perdió el acompañamiento de Dios en su reinado. Lo único en lo que él afirmaba su corazón era en el elogio de los hombres. Saúl ansiaba el reconocimiento de sus súbditos y de sus pares —si los hubiera— más que la aceptación de Dios. Todo su desempeño buscaba el aplauso de los hombres, no el agradar a Dios primeramente. Saúl olvidó todo lo que Dios hizo por él. Pero, hoy, al analizar las circunstancias en que fue escogido como el primer soberano de Israel, a uno le queda la sensación de que era un monarca hecho a la medida del pueblo que lo reclamó, ya que todos —Saúl y los judíos— desecharon por completo la dirección de Dios a través de sus jueces, profetas y sacerdotes.

Aquel pueblo ingrato observó el sistema gubernamental de los filisteos y el de los otros pueblos que lo rodeaban, por lo que decidieron que también querían el sistema de gobierno que ellos tenían. Echaron al olvido todo lo que Dios hizo directamente y a través de los hombres que escogió para bendecir a su gente. Se quejaban de todo. Era una queja constante. Nada de lo que Dios hacía con ellos —y para ellos— les satisfacía. Anhelaban tener rey. Querían un monarca como los que imperaban alrededor de ellos. No calcularon las ventajas de un gobierno teocrático, por lo que prefirieron la monarquía antes que a Dios. Esa fue una mala opción. Opción que los llevó a alejarse del Dios que los había liberado de Egipto, que los había hecho pueblo y que los convirtió en una nación que desplegaba toda la gloria de Dios en aquellos tiempos. Saúl era un rey a la medida de ese Israel desobediente y testarudo que detestaba todo lo bueno que pudiera tener para ellos si seguían la voluntad de Dios.

En realidad, Israel era un pueblo inestable, voluble, lo que se debía a su desobediencia a Dios. Por lo que el mismo chico convertido en hombre diría un día:

«He aquí, en maldad he sido formado, y en pecado me concibió mi madre».

—Salmos 51:5

Aquel joven ungido como sucesor de Saúl conocía a cabalidad la naturaleza pecaminosa del ser humano. Por eso no dudo en declarar tal verdad. Y es que el pecado separa al hombre de Dios. El pecado pone distancia entre el Creador y el ser creado. El pecado enceguece a los hombres y los lleva al abismo, pero aun a punto de caer en el precipicio, Dios siempre hace provisión para restablecer esa comunión con él, la que tanto necesita el ser humano. Saúl necesitaba un fundamento firme: la instrucción de Dios, la cual siempre rechazó.

CONSECUENCIAS DE LOS CELOS

El hecho de que David tuviese mayores elogios que él, le creó un malestar a Saúl. Aquello hirió su amor propio, su orgullo y su majestad. Su vanidad fue atacada directamente. Además, eso mostró también la calidad humana del monarca. Aquello puso de manifiesto su inseguridad, su resentimiento, su falta de cordura ante una situación que era natural. El elogio del pueblo —tanto de chicos, adultos, hombres y mujeres— no debió escandalizarlo. Al contrario, él debió unirse al júbilo popular y elogiar a aquel joven que ahora era parte de su ejército. Saúl no vio a David desde una perspectiva correcta. Se dejó obnubilar por su insensatez. Claro, estaba enceguecido por los celos, los malvados celos. El resentimiento por la victoria de David hizo presa a Saúl del desatino de los celos.

El resentimiento es un mal consejero, insisto. Aparece como una mala señal, cuando alguien se estima desplazado de su liderazgo por los triunfos de otro que ha estado bajo la tutela de esa persona. Cuando el discípulo parece más exitoso que el maestro. Pero lo que eso en verdad es, no es más una muestra de inmadurez extrema, puesto que el éxito del alumno lo único que refleja es la grandeza del que lo enseñó. No obstante, el resentimiento genera tanto caos como destrucción en quien lo alberga, porque ataca al corazón mismo de esa figura. Caso que le ocurrió al rey Saúl.

Se supone que un maestro, un pastor o un padre se sienta orgulloso cuando un alumno, un feligrés o un hijo suyo —respectivamente— coseche éxitos y esté recibiendo halagos o reconocimientos. No obstante, si el celo ataca el corazón de una de esas personas es posible que estemos ante lo que en mi pueblo se conoce como el «síndrome de los dos jueyes machos en una misma cueva», que simplemente es que los dos no pueden estar juntos en un mismo lugar, porque se van a destruir. Así que, obviamente, Saúl tenía una gran debilidad de carácter; lo que podemos ver cuando lanzó lo que pareció una expresión de despecho en el versículo 8: «no le falta más que el reino». En otras palabras, ha recibido tanto elogio que lo que le falta es apoderarse del reino. Obviamente es una reacción exagerada que es típica de una persona voluble. Algo característico de una persona que se siente insegura y que el orgullo la está hiriendo.

Señores, Saúl pudo haber dicho: «David se merece esta fama, David se merece este reconocimiento. Ese muchacho se merece que todo Israel celebre su victoria. Señores, ¿Qué les parece su hazaña? Mató a Goliat, acabó con el hombre que humilló a los ejércitos de Jehová y retó al pueblo de Israel. Porque ninguno de los hombres de guerra estuvo dispuesto a enfrentarse a Goliat. Y este adolescente llamado David fue el único que estuvo dispuesto, el único que tuvo el valor y la fe para enfrentarse a él. ¿Cómo no vamos a aceptar que él sea reconocido en gran manera?». Pero Saúl no pudo manejar esa situación. Desde el momento en que escuchó el estribillo: «Saúl hirió a sus miles y David a sus diez miles», y cuando lo pusieron por encima de él, se descompuso de tal forma que reaccionó con despecho, diciendo: «Lo que le falta a David es apoderarse del reino». Ese mal pensamiento inflamó el corazón del rey desechado.

Sin embargo, hay otra cosa que —aparentemente— incitó al corazón de Saúl, y es que su conciencia lo estaba acusando. ¿Por qué? Porque tuvo que haber recordado que el profeta Samuel, en un momento dado, le dijo de frente que Jehová lo había desechado como rey sobre Israel. Y esas palabras tenían que estar clavadas en su conciencia. De modo que ahora, cuando él está viendo que este otro hombre —David— está triunfando, está recibiendo fama y reconocimiento, su conciencia le remuerde por el fracaso que debe enfrentar.

Él tiene que estar pensando algo como: «Espérate, todavía tengo el poder, todavía soy el rey, estoy en el trono. El poder es mío». Pero, en su conciencia, sabe que fue desechado y que, ahora, parece que Dios está prosperando a ese hombre —David— y lo está acomodando para que reine. Saúl sabía que su pecado lo había descalificado. Que su relación con Dios estaba rota, es decir, ya no existía. Sabía que estaba atado de pies y manos en esa circunstancia. Así que esa inseguridad surgió, probablemente, de una conciencia culpable, pues hizo que Saúl reaccionara de esa manera.

Nosotros tenemos el beneficio de leer esas historias tres milenios más tarde de sucedidas. Nadie en ese tiempo sabía lo que hoy conocemos todos. Saúl era rey, pero había perdido la unción por su desobediencia a Dios. ¿Qué pasó entonces? En realidad, ya David era el rey ungido, pero no era el monarca en ejercicio. Es más, ¿sabía claramente que era el próximo rey? Recuerde que él llegó un día del campo y el profeta Samuel lo ungió con aceite. ¿Entendía alguien lo que acababa de ocurrir? Seguramente los ancianos y sus hermanos, que estaban en su casa ese día, estaban demasiado aterrorizados como para decirle lo que sucedió a alguien por temor a que Saúl les quitara la vida.

¿Y qué estaba pasando con Saúl? El rey Saúl ya no era el guerrero más famoso de Israel. Su reinado duró poco y no tuvo trascendencia. Sin embargo, el luchador más famoso era un chico que apenas le llegaba a la mitad de su estatura. No obstante, todo el mundo hablaba de David, incluso los soldados en todo el ejército: «¿Conociste al muchacho que le cortó la cabeza al gigante? Qué tipo más valiente. Levantó el ánimo de nuestro ejército» era el comentario que recorría las tierras de Israel.

¿Qué haría usted si enfrenta una situación parecida a la de Saúl? Imagínese que es el líder de una empresa y que fue escogido para esa posición debido a sus destrezas y habilidades. Usted lleva cierto tiempo desempeñando su labor con acierto, hasta que llega el momento en que empieza a cometer un error tras otro, pero no intenta ni siquiera enmendarlos, superarlos y no volver a repetirlos. Es más, cuando lo confrontan con el objeto de ayudarlo a enmendar las fallas, asume una actitud arrogante, al punto que los demás lo perciben con cierta molestia.

De repente, surge una circunstancia que desafía su habilidad como líder principal pero usted no da la talla ante la situación. Se acabó la gracia que tenía hasta ese momento. Se acabó la habilidad que Dios le dio para gestionar negocios. Usted se frustra. Siente que todo acaba. ¿La solución?

Volverse a Dios, volcar todas sus ansiedades sobre él, sujetarse a su voluntad. La ventaja que tenemos los cristianos es que contamos con ejemplos como el de David, entre muchos otros. Además, el Espíritu Santo nos constriñe y nos redarguye. Así que hay solución. Solo obedezca la voluntad de Dios y siga la instrucción de su Palabra.

REPASO DE ESTE CAPÍTULO

L os personajes célebres en la historia siempre han despertado grandes sentimientos entre los que los rodean. Sentimientos buenos, que llevan a imitarlos a ellos y sentimientos malos que llevan a las personas al odio, la crítica, los celos, la envidia y hasta al resentimiento, que es uno de los más perjudiciales. Y, pues, David no estuvo exento de ello. Por lo que aquel, que dice 1 Samuel 16:21, que «le amó mucho», también llegó a odiarlo muchísimo debido al éxito que el joven David tenía en todo lo que hacía. Como dice un sabio proverbio popular: «La envidia es el mal que produce el bien de los demás». Saúl sufría la envidia a su máxima expresión, debido a los triunfos que David cosechaba. Cada vez que el joven guerrero llegaba de sus exitosas campañas bélicas, el rey se complacía hasta cierto punto, pero le preocupaba la conmoción y la alegría con que el pueblo recibía a su campeón. Eso lo llevaba a un terrible conflicto por los celos que le causaba la situación.

PREGUNTAS

1. Por favor, comente sobre esa relación amor odio que Saúl sostenía por su parte con el joven David.

---

2. Cuando alguien en su entorno es más elogiado que usted, ¿le provoca desaparecer a esa persona? ¿Le dan ganas de desaparecer usted? ¿Se ha detenido a examinar por qué ocurre eso? Explique.

_____

_____

_____

3. Entone la canción que se puso de moda en aquella época, cuando los guerreros de Israel volvían triunfantes de sus batallas. Componga su propio cántico para cuando usted tenga sus victorias.

_____

_____

_____

4. ¿Qué haría usted si enfrenta una situación parecida a la de Saúl? Explique.

_____

_____

_____

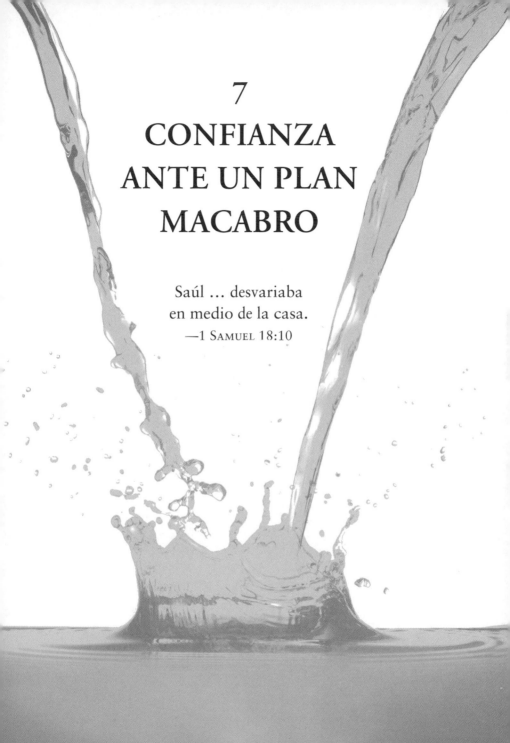

7
CONFIANZA ANTE UN PLAN MACABRO

Saúl … desvariaba
en medio de la casa.
—1 Samuel 18:10

L os celos infundados de Saúl lo llevaron a acariciar pensamientos homicidas. Es que los celos son muy malos consejeros y pueden llevar a la persona a cometer actos crueles, inhumanos y hasta a atentar contra la vida de los demás. Y, en el caso que estudiamos, esos pensamientos se concretaron en acciones violentas contra el joven que, entre otras cosas, era usado por Dios para calmar al rey cuando sufría aquellos ataques malignos. El monarca desechado permitió que el odio tan grande que sentía contra David lo hiciera presa de las más bajas pasiones. Era tanta la obstinación que tenía por deshacerse del joven guerrero que dice la Biblia que «desvariaba», es decir, se comportaba como un loco, un lunático —diríamos en estos tiempos— tanto que urdía planes siniestros para asesinarlo de una vez por todas y para siempre. Las maquinaciones diabólicas se alojaban en la mente de Saúl, no lo dejaban ni a sol ni a sombra. Constantemente vivía asediado por esos celos infundados y traicioneros que no eran otra cosa que ideas falsas que el diablo ponía en su mente. Tanto fue así que muchas veces ideó planes para deshacerse de su joven y exitoso soldado.

Sin embargo, antes de que Saúl desarrollara el plan que concibió para acabar con la amenaza que constituía David para él, surgió algo inesperado, un suceso con el que el monarca no contaba. Algo que podríamos calificar como «una amistad entrañable». Jonatán, su propio hijo, y por consiguiente el primero en la línea dinástica que debía llegar a ser el rey sucesor, estableció un pacto de amistad incondicional con el joven David. El capítulo 18 de 1 Samuel afirma que:

«el alma de Jonatán quedó ligada con la de David, y lo amó Jonatán como a sí mismo ... E hicieron pacto Jonatán y David, porque él le amaba como a sí mismo. Y Jonatán se quitó el manto que llevaba, y se lo dio a David, y otras ropas suyas, hasta su espada, su arco y su talabarte».

El compañerismo que entablaron Jonatán y David es uno de los ejemplos modelo —o podríamos decir que fue el paradigma de la amistad— que la Biblia enseña. En este pasaje podemos ver la muestra de desprendimiento que el sucesor del monarca desechado le mostró a su amigo David. Jonatán fue capaz de obsequiarle a David el manto real que usaba; su espada, su arco —que eran parte de su armamento oficial— y su talabarte. Todo ello motivado por el afecto que surgió entre esos dos jóvenes.

El rey desechado no contaba con algo tan sensible como esa amistad surgida entre su propio hijo y el valiente guerrero que cosechaba éxitos a cada paso que daba y que él mismo definía como su enemigo implacable. Ahora, prácticamente, David contaba con un espía entre los que rodeaban al monarca. Eso debe haber pensado Saúl en su insensato razonar. Parece que su hijo tenía una mejor perspectiva —acerca de lo que acontecía con David— que la del monarca mismo.

Dice la Palabra de Dios que Saúl enviaba a David a realizar diversas tareas y que este se comportaba prudentemente. Llegó a ser tan buen soldado que el rey lo puso al mando de muchos guerreros. Todo eso que el rey le encomendaba a David tenía la clara intención de desgastar al joven, de modo que en cualquier momento se debilitara y decayera en sus funciones. La intención de Saúl era que su aliado más fiel cayera en manos del enemigo en cualquier momento. Pero todo parecía ir en contra de sus maquinaciones y artimañas. En la misma medida en que aumentaban las funciones y el éxito del joven, igualmente crecían los recelos del monarca; de manera que toda esa parafernalia lo asediaba perennemente. Los celos que le provocaban las victorias y la fama del joven David, estaban consumiendo al monarca.

El problema para este rey es que el propio Dios estaba metido en ese asunto. El Dios que ungió a Saúl como primer rey de Israel, el mismo Dios que tuvo que intervenir y desecharlo por las maldades y los pecados del monarca. Pero parece que Saúl se sintió superior a todos e incluso a Dios, lo cual era algo muy grave. ¿Cómo era posible que Saúl, en medio de su locura, atentara contra la vida del ungido de Dios? El rey desechado quería deshacerse de David pero ahora sin aparecer involucrado en el hecho. Por eso le tendía cada trampa que se le ocurría. Dice la Biblia que «salía David a dondequiera que Saúl le enviaba, y se portaba prudentemente. Y lo puso Saúl sobre gente de guerra, y era acepto a los ojos de todo el pueblo, y a los ojos de los siervos de Saúl» (1 Samuel 18:5). Aunque debía alegrarse por la actuación del joven David y la gloria que le daba a Dios, la fama que le daba al propio rey Saúl y la reputación que le daba al pueblo, lo que sucedía era todo lo contrario.

El gusanillo de la inseguridad se apoderó del monarca. Todo el pueblo mostraba su simpatía por David. Pero lo que el rey percibió fue que era menospreciado por su propia gente, de forma que entró en pánico al pensar que David podría aprovecharse de las circunstancias —en detrimento de su persona— en cualquier momento. Si Saúl hubiera sabido —en verdad— la clase de hombre que era David, esas sospechas no se habrían anidado en su corazón. El colmo de la situación fue que las mujeres de todas las ciudades de Israel salieron «cantando y danzando, para recibir al rey Saúl, con panderos, con cánticos de alegría y con instrumentos de música» (1 Samuel 18:6) cuando el joven guerrero regresó triunfante de matar al filisteo.

Las Escrituras afirman de una manera muy clara que «aconteció al otro día, que u*n espíritu malo de parte de Dios tomó a Saúl,* y él desvariaba en medio de la casa. David tocaba con su mano como los otros días; y tenía Saúl la lanza en la mano. Y arrojó Saúl la lanza, diciendo: Enclavaré a David a la pared. Pero David lo evadió dos veces» (1 Samuel 18:10-11, énfasis mío). Aquí vuelvo a insistir en lo que significa la frase «un espíritu malo de parte de Dios tomó a Saúl». Lo que pasa es que, como bien sabemos, todo aquel que tenga el Espíritu de Dios en su vida no puede ser tocado por Satanás. El diablo no puede tocar a nadie que tenga a Cristo en su corazón. No puede tocar a nadie que tenga en su vida —en su templo— al Espíritu de Dios. Satanás no puede tocar a esa clase de personas. Y eso era lo que pasaba con David.

No obstante lo que en verdad sucede, cuando la persona se aleja de Dios, es que este también retira su presencia del individuo, por lo que —acto seguido— Satanás trata de ocupar ese lugar que una vez le perteneció a Dios. Por supuesto, lo que ocurre es que no puede hacerlo a no ser que Dios se lo permita. Y cuando la Escritura dice: «un espíritu malo de parte de Dios tomó a Saúl», a lo que se refiere es a que al menospreciar a Dios, el rey desechado quedó a merced del príncipe de las tinieblas. El propio Saúl escogió su destino al desobedecer al Dios que lo había ungido como primer rey de Israel. A diferencia de David, Saúl no calculó la grandeza de lo que Dios había hecho con él. Por otro lado Saúl, al igual que David, era un hombre de campo; tanto así que la Biblia dice que su padre le ordenó que fuera a buscar unas asnas y al regresar de dicha búsqueda es que ocurre el gran encuentro con el profeta Samuel. En cierto aspecto, Saúl y David tenían funciones parecidas; el primero pastoreaba asnas mientras que el segundo apacentaba ovejas. Claro, el segundo trabajaba con ovejas, que son animales dóciles, pero el monarca pastoreaba asnas, bestias que representan la terquedad. Es probable que el monarca aprendiera esa característica de esos animales que atendía.

A diferencia del caso de David, Samuel no tuvo que ir a escoger al que ungiría como rey del pueblo. Dios mismo encaminó a Saúl al encuentro con el profeta. Fue un trato especial el que recibió este hombre escogido. Saúl pudo haber sido el rey más importante del pueblo de Israel, puesto que fue el primer monarca y, si hubiera obedecido a Dios, es probable que llegara a ser el hombre que Dios deseaba que fuera. Sin embargo, el rey más famoso hasta el presente fue David y el segundo más relevante lo fue su sucesor, su hijo Salomón.

Es interesante notar la manera en que se deshizo la sucesión de la realeza iniciada por Saúl. Si este hombre hubiera obedecido a Dios y le hubiera sido fiel, el siguiente en la línea real habría sido Jonatán y luego le sucedería Mefi-boset. Pero, como veremos más adelante en el relato bíblico, el pecado destruyó ese legado. Fue así como Dios escogió a otro hombre, que sí era conforme a su corazón: David, cuyo hijo Salomón lo sucedió en el trono siendo muy joven.

La táctica del «enemigo en casa»

El simple hecho de ver a David actuando de manera prudente, en vez de hacerle confiar en él como uno de sus más valiosos guerreros, produjo el efecto contrario. Y aquí es importante decir que hay personas que ven algo bueno en alguien y no creen que se esté comportando bien realmente porque le nace del corazón. Siempre sospechan del prójimo. Dudan de los demás, cuestionan todo lo que ven. Parece que el monarca desechado padecía ese síndrome. Por eso recelaba cada vez más del joven conquistador que, entre otras cosas, aliviaba el martirio que le infligía el espíritu malo que lo atormentaba. En vista de ese resentimiento, el rey intentó asesinarlo pero falló, así que se puso a pensar en la manera más adecuada para eliminar a David. Y no se le ocurrió nada más conveniente que ofrecerle la mano de su hija mayor, Merab, para que se casara con ella. Claro, la condición que le exigía el monarca era que debía serle leal y que peleara las batallas de Jehová. Nada tonto el rey. Él sabía que a David lo acompañaba Jehová de los ejércitos.

Sin embargo, en apariencia, esa estratagema era buena, pero lo que el rey quería era acabar con David, por lo que aun cuando le extendía aquella generosa oferta de matrimonio al joven guerrero, lo que estaba pensando era: «Voy a enviar a David contra los filisteos y dejar que ellos lo maten, en vez de hacerlo yo mismo» (1 Samuel 18:17). Lo interesante de este pasaje es que el rey sabía que Jehová estaba con David, pero aun así todavía esperaba que los filisteos acabaran con él. Es la misma situación que se les presenta a algunos cristianos en la actualidad, que afirman creer en Cristo, juran y perjuran que son hijos de Dios, pero aun así temen que el diablo haga de las suyas con ellos. Incluso hay creyentes que pretenden tenderle trampas al diablo, por lo que cuando enfrentan la tentación le dan terreno al enemigo pensando que lo van a derrotar. Pero resulta que no hay que darle terreno a Satanás ni a sus demonios, ya que las consecuencias pueden ser —y casi siempre lo son— trágicas.

De modo que el plan de Saúl volvió a fallar, pero él no dejaba de hacerle trampas a David. Por eso es que no cumplió con la promesa que él mismo le formuló al joven y le dio la hija que le había prometido —Merab— a otro hombre. Para el rey desechado, la palabra de un monarca parecía ser irrelevante; parecía no tener valor. Qué terrible es que una figura de autoridad no tenga una palabra fiable. Es como algunas de las autoridades de ciertos lugares, hoy en día, que cada vez que prometen algo hacen todo lo contrario a lo que ofrecen. Ese era Saúl, el primer rey del pueblo de Israel, el primer soberano desechado por Dios.

Sin embargo, el anhelo de Saúl en cuanto a destruir a David no acabó en ese episodio. Veamos lo que nos dice la Palabra de Dios:

> «Pero Mical la otra hija de Saúl amaba a David; y fue dicho a Saúl, y le pareció bien a sus ojos. Y Saúl dijo: Yo se la daré, para que le sea por lazo, y para que la mano de los filisteos sea contra él».
>
> —1 Samuel 18:20-21

Saúl se alegró por aquella noticia y consideró que eso era conveniente para sus planes. Tanto fue su regocijo que se dijo a sí mismo: «¡Eso me da otra oportunidad para que los filisteos lo maten!», pero a David le dijo: «Hoy tienes una segunda oportunidad para llegar a ser mi yerno». Después Saúl instruyó a sus siervos para que le dijeran a David: «El rey te aprecia mucho, al igual que nosotros. ¿Por qué no aceptas lo que el rey te ofrece y te conviertes en su yerno?». Si Satanás es padre de mentira (Juan 8:44), Saúl tiene que haber sido un príncipe del engaño. ¿No les parece?

Saúl quería tener cerca a su enemigo David. Deseaba tenerlo a la mano para cuando surgiera una buena oportunidad acabar con él en alguna forma. Y esa oportunidad llegó, pero esta vez urdió un plan verdaderamente macabro. Aun cuando le había incumplido la promesa que él mismo le hizo de darle a Merab por esposa, Saúl le puso otra condición a David para entregarle a su otra hija en matrimonio. Veamos lo que dicen las Escrituras: «Después Saúl instruyó a sus siervos para que le dijeran a David: "El rey te aprecia mucho, al igual que nosotros. ¿Por qué no aceptas lo que el rey te ofrece y te conviertes en su yerno?". Cuando los hombres de Saúl le dijeron estas cosas a David, él respondió: "¿Cómo puede un hombre pobre y de familia humilde reunir la dote por la hija de un rey?". Cuando los hombres de Saúl le informaron al rey, él les dijo:

> «Díganle a David que lo único que quiero por dote son los prepucios de cien filisteos. Vengarme de mis enemigos es todo lo que realmente quiero». Pero lo que Saúl tenía en mente era que mataran a David en la pelea.
>
> —1 Samuel 18:20-25

¡Casi nada! Siempre con el mal deseo en su mente. Y es cierto, siempre tenía una trampa a la mano, parecía sacarse de la manga una tras otra. Engañaba y le tendía trampas al joven guerrero que tanto lo ayudaba.

Lo cierto es que Saúl ya no creía en Dios. Su alejamiento de Jehová de los ejércitos era absoluto. Todavía albergaba en su mente la falsa creencia de que los filisteos podían acabar, de algún modo, con el ungido de Jehová. Por eso le puso la condición de que le llevara los prepucios de cien filisteos. Como la misma Palabra de Dios lo dice, el plan macabro de Saúl era que al enfrentarse David a los filisteos, estos lo aplastaran y así se quitaría de encima el problema que veía en la persona de aquel noble joven.

El asunto es que David no solo era un guerrero leal a su rey, sino que además era fiel al verdadero Rey de su vida, al mismo Jehová de los ejércitos. David era tan sincero que no se detuvo a pensar en las maquinaciones de su futuro suegro. David era un firme creyente en la palabra del monarca. David era un hombre de honor, un hombre de palabra. Por eso decidió que no solo mataría a cien filisteos sino que duplicó la demanda pensando agradar al rey. El joven creía que con eso halagaría más al rey y, a la vez, le demostraba que estaba a favor de él. Pienso que David también ansiaba acabar con aquella enemistad que consideraba ilógica, sin sentido e infructuosa.

Debe ser terrible sentir la impotencia de demostrar la lealtad que se siente hacia una persona. Y eso, precisamente, es lo que sentía David. Él fue un pastor que nunca aspiró a ninguna posición de poder. Sus aspiraciones deben haber sido las de cualquier joven campesino de su época. Quizás pensaría que su futuro era convertirse en amo de un gran rebaño de ovejas. O tal vez ser un hacendado con éxito. Pero creo que nunca le pasó por la mente la idea de llegar a ser rey de su nación.

Así que volviendo al reto de los prepucios, podemos ver que esa trampa de Saúl también le salió mal. Yo diría que terriblemente mal. David, al contrario del rey, sí cumplía con lo que se comprometía. De manera que «antes que el plazo se cumpliese, se levantó David y se fue con su gente, y mató a doscientos hombres de los filisteos; y trajo David los prepucios de ellos y los entregó todos al rey, a fin de hacerse yerno del rey» (1 Samuel 18:26-27). Aquí podemos ver a un hombre que desea hacer el bien, uno que es dirigido por Dios, un hombre que es conforme al corazón de Dios. David logró que el rey desechado al fin cumpliera con lo que le prometió. Saúl, por su parte, no tuvo otra opción que honrar la palabra dada concediéndole a su hija Mical por esposa.

Sin embargo, el rey recelaba cada vez más de David. Aun cuando estaba consciente de que Jehová estaba con su yerno, y que su hija Mical lo amaba mucho, sentía más odio por el joven. Pero no solo eso, le tenía un temor terrible. Miedo que crecía cada día más, al punto que dice la Palabra que «fue Saúl enemigo de David todos los días» (1 Samuel 18:29). Era un odio tenaz el que embargaba al rey desechado. Pero «David tenía más éxito que todos los siervos de Saúl, por lo cual se hizo de mucha estima su nombre». David tenía un Dios maravilloso. Un Dios que lo acompañó desde el primer día en que nació, como dice el Salmo 71: «De las entrañas de mi madre tú fuiste el que me sacó» (v. 6). El Dios de David era el Dios que lo creó, como dice el Salmo 139:13:

«Porque tú formaste mis entrañas; tú me hiciste en el vientre de mi madre».

El mismo Dios que lo hizo a usted, que me hizo a mí, que nos formó a cada uno de sus hijos a imagen y semejanza de él. El Dios que es nuestro refugio y que nunca nos desampara.

De manera que no hay plan maligno, por muy macabro que sea; no hay tácticas ni estratagemas diabólicas, ni artimañas que puedan destruir a los hijos de Dios. La Biblia afirma que las puertas del Hades no prevalecerán contra la iglesia (Mateo 16:18). Y ¿quién es la iglesia? Usted y yo somos el cuerpo de Cristo, la Iglesia del Señor. Amado amigo, no hay poder satánico que pueda vencer al verdadero hijo de Dios. El diablo puede cercarle, puede presionarle, pero no puede prevalecer contra usted, porque usted es un hijo de Dios y Dios protege a sus hijos. El propio David ruega a Dios que lo guarde «como a la niña de tus ojos» (Salmos 17:8). Y eso es lo que Dios hace con sus hijos: los libra de las garras del enemigo de sus almas. Aleluya.

Por tanto, David es un ejemplo a seguir para llegar a ser hombres y mujeres conforme al corazón de Dios. Una de esas veces en las que fue librado del enemigo, David pudo decir:

«Porque intentaron el mal contra ti; fraguaron maquinaciones, mas no prevalecerán».

—Salmos 21:11

La versión bíblica Nueva Traducción Viviente dice lo mismo de la siguiente manera: «Aunque conspiren contra ti, sus maquinaciones malignas jamás prosperarán». ¡Gloria a Dios! Eso es con usted, amado lector, y conmigo también. Así que no lo dude más, aprópiese de esa promesa. Usted es más que vencedor por medio de aquel que nos amó (Romanos 8:37).

REPASO DE ESTE CAPÍTULO

Los celos infundados de Saúl lo llevaron a acariciar pensamientos homicidas. Es que los celos son muy malos consejeros y pueden llevar a la persona a cometer actos crueles, inhumanos y hasta a atentar contra la vida de los demás. Y, en el caso que estudiamos, esos pensamientos se concretaron en acciones violentas contra el joven que, entre otras cosas, era usado por Dios para calmar al rey cuando sufría aquellos ataques malignos. El monarca desechado permitió que el odio tan grande que sentía contra David lo hiciera presa de las más bajas pasiones. Era tanta la obstinación que tenía por deshacerse del joven guerrero que dice la Biblia que «desvariaba», es decir, se comportaba como un loco, un lunático —diríamos en estos tiempos— tanto que urdía planes siniestros para asesinarlo de una vez por todas y para siempre. Las maquinaciones diabólicas se alojaban en la mente de Saúl, no lo dejaban ni a sol ni a sombra. Constantemente vivía asediado por esos celos infundados y traicioneros que no eran otra cosa que ideas falsas que el diablo ponía en su mente. Tanto fue así que muchas veces ideó planes para deshacerse de su joven y exitoso soldado.

PREGUNTAS

1. ¿Qué importancia le da usted a la amistad con alguien? ¿Ha considerado la amistad que existió entre Jonatán y David? Comente al respecto.

2. ¿Qué opina usted acerca de la noble actitud de Jonatán hacia David? ¿Podría usted ser la clase de amigo que esos dos jóvenes fueron?

_____

_____

_____

3. De acuerdo a las Escrituras, ¿por qué el nombre de David se hizo de mucha estima? ¿Podría usted imitarlo?

_____

_____

_____

4. ¿Cree usted que el diablo puede cercarle o presionarle, pero no puede prevalecer contra usted? Exponga sus argumentos a favor o en contra y respáldelo con, al menos, una cita bíblica.

_____

_____

_____

8
PERSEGUIDO, PERO VICTORIOSO

Huyó, pues, David, y escapó.
—1 Samuel 19:18

En el estudio que venimos realizando podemos ver que el hombre conforme al corazón de Dios se caracteriza por su humildad, su amor incondicional, su lealtad, su honradez. Eso es lo mínimo que he aprendido de la experiencia de haber estudiado a David por años y de haber clamado al Señor con lágrimas, además de un intenso dolor y pasión en mi corazón, para que transforme mi corazón en uno conforme al suyo.

Les confieso que ese ejemplo de supervivencia ha sido una herramienta extraordinaria en los instantes más difíciles de mi vida, en los momentos más duros de mi existencia, sobre todo cuando he tenido que lidiar con gente que alguna vez fueron mis amigos, que una vez fueron mis compañeros de ministerio y que, de un momento a otro, se tornaron en mi contra; por lo que comenzaron a ocurrir cosas injustas y tratos terribles que me hicieron mucho daño. Una de las razones principales por las cuales, gracias a Dios, no sucumbí ante esas circunstancias fue porque conocía muy bien el testimonio de David y tenía claro en mí, en mi mente y en mi espíritu, el modelaje que plasmó en la historia del pueblo de Dios. Aunque parezca extraño, gracias al ejemplo de David pude ser fortalecido y sostenido hasta el día de hoy en el ministerio.

David tuvo muchas actitudes poderosas, cualidades que hacían ver su fe impresionante, extraordinaria. Insisto una vez más, recuerde que David fue un hombre llamado conforme al corazón de Dios. Repito, fue llamado por Dios, fue un hombre con un corazón de acuerdo al corazón del Creador. O sea, que el corazón de David era parecido al de

Dios. Eso es mucho decir. Como he mencionado muchas veces, tan pronto como leí esa porción bíblica donde dice que en la tierra no había otro hombre conforme al corazón de Dios, me apoderé de esa palabra y le dije a Dios: «Señor, si hubo uno, yo quiero ser el otro. Quiero ser uno de esos que tengan el corazón conforme al tuyo». Y eso fue lo que me llevó a estudiar a David durante tanto tiempo, casi toda mi vida. Como lo he dicho con anterioridad y lo reitero ahora: ese ejemplo de David ha sido una herramienta extraordinaria que Dios ha utilizado conmigo. Ese conocimiento ha sido suficiente para salvarme de muchas, muchas situaciones muy, pero muy difíciles por las que he pasado.

Ahora bien, la injusta persecución sufrida por David estaba lejos de concluir. Ni el alivio que le generaba al soberano con sus tiernas melodías musicales, ni los triunfos que obtenía en las batallas contra los enemigos del rey y ni siquiera el haberse emparentado con el propio monarca que lo acosaba pudieron garantizarle la paz que tanto anhelaba. Nada parecía convencer a Saúl del craso error que cometía contra David. Era la propia personificación del mal encarnado en un hombre terco, obstinado y pertinaz empeñado en destruir a un pretendido adversario que solo existía en su enfermiza y pecaminosa mente. Su alejamiento de Dios enceguecíó a Saúl por completo. Su corazón y su mente eran el albergue de legiones de demonios que le hacían vivir un verdadero infierno en su propio imperio. Creo que David constituía el más grande de sus enemigos, como lo afirma la Biblia, aunque este libraba una y otra vez al rey de los verdaderos enemigos que asechaban al pueblo de Israel.

Una persecución implacable

Así que Saúl estaba ansioso por deshacerse de David, quería eliminarlo a cualquier costo. Al punto que orquestó un plan para asesinar a su «enemigo» menos peligroso, aunque esto último que dije parezca contradictorio. En su empeño quiso involucrar a todos los que lo rodeaban, incluida su familia, y todos los que le servían. Fue así que «habló Saúl a Jonatán su hijo, y a todos sus siervos, para que matasen a David» (1 Samuel 19:1). Una vez más el enceguecedor odio que sentía por su fiel guerrero lo embargó. El odio que sentía por David no era algo velado, secreto ni disimulado; el rey aborrecía al joven que tanto hacía por su pueblo y hasta por el propio monarca y era un odio descarado, cínico.

Ahora bien, Saúl incitó y ordenó a todos los que lo rodeaban a que asesinaran a David, pero el muy insensato no contó con la franca oposición de su hijo Jonatán. El caso era que Jonatán y David habían entablado una amistad entrañable, por lo que el hijo del rey avisó a su amigo David de inmediato, aconsejándole que se escondiera hasta que pudieran resolver la situación.

El hijo enfrentó a su padre con valentía. Dice la Biblia que «Jonatán habló bien de David a Saúl su padre, y le dijo: No peque el rey contra su siervo David, porque ninguna cosa ha cometido contra ti, y porque sus obras han sido muy buenas para contigo; pues él tomó su vida en su mano, y mató al filisteo, y Jehová dio gran salvación a todo Israel. Tú lo viste, y te alegraste; ¿por qué, pues, pecarás contra la sangre inocente, matando a David sin causa?» (vv. 4, 5). Aunque usted no lo crea, el hijo actuaba con más conciencia que el padre. Él hijo tenía el pensar de un estadista aun siendo simplemente un protagonista en la línea real que debió haber primado en la sucesión del trono. Increíble pero cierto. El hombre que había sido escogido por Dios como soberano de su pueblo se comportaba como un chiquillo malcriado que dejaba ver la mala calidad humana que lo caracterizaba. ¿Cómo podría esperarse que el pueblo se condujera de una forma correcta ante las vicisitudes que surgían si su gobernante, la principal figura de autoridad, actuaba de modo tan irracional? Lo único gigantesco que tenía el rey Saúl era su tremenda insignificancia como soberano. La miseria era su divisa. La majadería su conducta constante.

Al contrario de él, como señalé anteriormente, es interesante ver a un individuo tan joven asumir roles que parecen más los de un padre que los de un hijo. Pero eso precisamente es lo que vemos aquí. La perspectiva de Jonatán era absolutamente correcta. Jonatán pudo percibir lo que su padre —con toda su experiencia— era incapaz de captar. Pienso que Jonatán tenía más cercanía con Dios que su padre, que había sido ungido por el profeta Samuel por instrucciones del propio Jehová de los ejércitos. Jonatán tuvo que plantearle a su progenitor, el rey desechado, un panorama resumido de las hazañas de David. ¿Sería en verdad necesario que hiciera una canallada como la que pretendía ejecutar con aquel dedicado siervo de Su Majestad? Es que, en realidad, ¿olvidó Saúl todo el bien que le hizo David, tanto a él en lo personal como al pueblo de Israel en general? Como es evidente, la gratitud era otra virtud que desconocía el rey Saúl. Se puede decir que Saúl no era, exactamente, un dechado de virtudes, todo lo contrario. Era la perfecta representación de la miseria humana personificada en un monarca destituido. Alabo a Dios por Jonatán. Realmente mostraba mayores signos de grandeza e hidalguía que el despiadado e inútil de su padre.

Por otra parte, podemos ver la volubilidad del monarca que cedió ante los planteamientos de su hijo. Simulaba haber entendido el discurso completo de Jonatán, parecía convencido de las palabras que le expuso su hijo. Todo lo que su hijo le expuso era ciertísimamente verdadero. Al punto que dice la palabra que «escuchó Saúl la voz de Jonatán, y juró Saúl: Vive Jehová, que no morirá» (v. 6). Hay que ver la desfachatez del hombre que gobernaba a Israel. Se podía esperar cualquier cosa de él. ¡Con qué descaro juraba por el nombre de Dios! En verdad, Saúl era como los creyentes de estos tiempos que han visto maravillas, prodigios y señales, no solo en las vidas de personas ajenas a ellos, sino que han saboreado las misericordias de Dios en sus propias vidas y aun así viven como si Dios no existiera. En realidad, no han tenido un encuentro con Jesucristo, pero se jactan de ser «cristianos».

¿Por qué digo que aquel rey desechado era un descarado? Porque hay que tener muy poca vergüenza para alentar a otros a que maten a alguien y después ordenarle a ese alguien que vaya a la guerra por su pueblo y en representación de la corona del monarca que tanto odia a su guerrero. Porque eso es lo que narra la Biblia que sucedió. Dice la Palabra de Dios que «después hubo de nuevo guerra; y salió David y peleó contra los filisteos, y los hirió con gran estrago, y huyeron delante de él» (1 Samuel 19:8). Bueno… «ahora sí, al fin el guerrero David se ganó la amistad del rey Saúl». Eso es lo que pensaría cualquier persona en su sano juicio. Pero no, no fue así. El rey no lo recibió con fanfarrias ni le agradeció el hecho de salvarle el pellejo a él ni a su pueblo. Aparentemente Saúl estaba bien con David, porque tuvo la desfachatez de enviar a sus súbditos a buscarlo cuando el espíritu malo lo afligía.

Las cosas parecían seguir su curso normal o, al menos, eso creía el joven pastor convertido en guerrero y músico. Pero el monarca desechado, en otro de sus arranques homicidas, trató de clavarle una lanza cuando David ejecutaba una dulce canción con el fin de aliviar la aflicción por parte del espíritu malo que lo aquejaba. El ingenuo y fiel guerrero no concebía en su mente tan pura que el rey siguiera pensando en su macabro plan para acabar con su vida. Por eso se dedicaba con ahínco a la tarea para la que había sido puesto en el palacio del rey. Y es que la persona que es conforme al corazón de Dios trabaja como para el Señor, no para agradar solamente a aquella a la que sirve, sino como les dice Pablo a los colosenses (Colosenses 3:23). No trabaja pensando en sus propios beneficios ni con un plan oculto en su servicio. Todo lo que hace es para la gloria de Dios.

Sin embargo, después de otra victoria más sobre los filisteos, después que David tocaba su arpa para calmar la furia del rey, este se volvió a enfurecer contra el ungido de Dios. Saúl estaba enceguecido por el odio enfermizo que sentía por David. De manera que el joven no tuvo otro remedio que salir del palacio, huyendo de noche por su vida. Y ¿a dónde se fue? Pues a su casa, a la casa en la que vivía con su esposa Mical. ¿Y que cree usted que pasó? Pues como dice el versículo 11 del capítulo 19:

«Saúl envió luego mensajeros a casa de David para que lo vigilasen, y lo matasen a la mañana».

Pero señores, esas son las tristes realidades de la vida, así es la vida. Parece un cuento de nunca acabar. No le extrañe que se gane un enemigo por hacer el bien. No crea que los enemigos surgen por culpa de usted, porque usted hizo algo malo, porque se equivocó, porque qué sé yo, ¡no! Hay veces que haciendo el bien uno se gana enemigos, solo por hacer el bien y hasta por hacérselo a esa persona que lo ve a uno como su enemigo. Así es que no se extrañe y… apúntelo por ahí. ¿Ok? Bueno, esto es algo bien importante que usted debe anotar. Lo que aquí vemos con Saúl y David es el mal que produce el bien de la otra persona. Saúl no podía resistir la grandeza de lo bueno que trasmitía David en todo lo que desempeñaba.

HUYE, HUYE, HUYE

Ahora bien, no solo tuvo que huir del palacio, David también tuvo que escurrirse por una de las ventanas de su casa —con la ayuda de su esposa Mical— porque los soldados de Saúl iban a asesinarlo en su propia cama. Mical, que amaba a su esposo, lo ayudó a escapar y urdió un plan para engañar a los enemigos de David. Una vez descubierto el engaño, el rey Saúl se ensañó contra su hija, pero esta tenía una coartada perfecta. Le dijo que David la había amenazado de muerte para que lo ayudara a escapar, a lo que tuvo que acceder por temor de perder la vida.

Aquella era una situación insostenible. David tuvo que escapar del palacio, tuvo que salir despavorido de su propia casa y, al encontrarse en esa circunstancia tan crítica, obviamente tuvo que reflexionar en los próximos pasos que debía dar. Así que se le ocurrió ir a visitar al profeta Samuel, el que lo ungió como sucesor de la corona, por lo que fue a buscar al hombre de Dios. David decidió ir a Ramá, donde vivía Samuel, con la intención de encontrar ayuda con el siervo de Dios.

El caso es que le contó al profeta todo lo que le había ocurrido hasta ese momento y pasó un buen tiempo con el hombre de Dios. Aquí hay algo ciertamente bien interesante. Mire, no podemos pretender evadir todas las circunstancias que se presentan en nuestra vida, no podemos pretender ni siquiera que por nuestra buena vida de oración y nuestra intensa búsqueda de las verdades de Dios en las Escrituras, vamos a sobrevivir los temporales que enfrentemos. Tenemos que reconocer que hay momentos en los que, emocionalmente, quedamos tan sumidos por el dolor, la tristeza y hasta por la confusión, que no podemos entender por qué la gente actúa contra uno en esa manera.

Hay personas que se ensañan contra uno por motivos diversos y hasta sin razón alguna. Y todo ese tipo de cosas lo llevan a uno a un punto en que tiene que buscar a un ser humano que le comprenda. Pero sobre todo tiene que ser un individuo sabio, tiene que ser una persona portadora de la voz de Dios, tiene que ser una persona con revelación de la Palabra, tiene que ser una persona que lo escuche a uno, que uno se pueda desahogar con ella a plenitud. Que uno pueda vomitar... y perdonen el término... que pueda derramar todo lo que tiene por dentro en momentos como esos. En otras palabras, que uno se saque de adentro todo lo que lo tiene angustiado y cargado, de manera que pueda ser oído con madurez. Que uno pueda sentir el consejo de Dios en esos momentos.

Y el hecho de que una persona o un líder cualquiera tenga un oasis emocional a través de la amistad con un hombre de Dios que quizá no vea en uno o dos años o más, pero que sabe que puede contar con él, es muy reconfortante. Es que cuando llegan esos momentos tan duros en la vida y, sobre todo, en el ámbito ministerial, saber que uno puede agarrar un avión, que puede abordar su auto, que puede llegar a donde esté esa persona y sentarse a los pies de ella a llorar, a desahogarse y a escuchar buenos consejos es como sumergirse en una fuente de agua fresca y recibir energías del Altísimo.

Hay gente que han pasado los desiertos que usted ha transitado, que han estado en los hornos de fuego por los que usted ha pasado; que han experimentado fosos de leones como usted y que han vivido experiencias no esperadas como la traición y como lo es el odio de gente que dicen ser creyentes. Eso es algo de lo que parece no escapar ninguna persona justa que quiere seguir los pasos de Cristo.

En lo que respecta a David, el profeta Samuel se enteró de todas las desventuras que estaba sufriendo el ungido por Dios como soberano sucesor de su pueblo, por lo que decidió que se irían a Naiot, en Ramá. Pero, y aquí hay que ser muy cuidadosos, los soldados de Saúl se enteraron de que el profeta y el guerrero se habían ido a otra ciudad. Creo que este servicio de inteligencia de Saúl, además del primer equipo de espionaje que conformaron los doce espías que el Señor usó para reconocer la Tierra Prometida, fueron los antecesores de una de las agencias de inteligencia más importantes del mundo, el Mosad israelí, o también del cuerpo de inteligencia y seguridad interior de Israel, el Shabak. Es que no dejaban a David, como dicen por ahí, ni a sol ni a sombra. Constantemente lo vigilaban y asechaban cada uno de sus pasos. Pero el Dios que ungió a David, mismo que puso a Saúl, estaba actuando al pie de la letra de sus planes con el rey más grande que ha tenido Israel,

David. A ese David que ayudó a proteger a las ovejas de los osos y los leones que las atacaban, a ese pastorcito que inspiró a derrotar a un gigante filisteo, a ese sencillo siervo del Dios altísimo, ese mismo Dios no lo abandonaría en manos de un malvado personaje como Saúl.

El asunto es que hasta allí, donde David fue a buscar el consejo de Samuel, llegaron los perseguidores enviados por el rey Saúl. Pero allí hubo una experiencia poderosa que embargó hasta a los perseguidores de David. Dice la Biblia que todos los que el rey enviaba al llegar a ese lugar profetizaban. Tanto así que «Entonces él [Saúl] mismo fue a Ramá; y llegando al gran pozo que está en Secú, preguntó diciendo: ¿Dónde están Samuel y David? Y uno respondió: He aquí están en Naiot en Ramá. Y fue a Naiot en Ramá; y también vino sobre él el Espíritu de Dios, y siguió andando y profetizando hasta que llegó a Naiot en Ramá. Y él también se despojó de sus vestidos, y profetizó igualmente delante de Samuel, y estuvo desnudo todo aquel día y toda aquella noche. De aquí se dijo: ¿También Saúl entre los profetas?».

Fugitivo sin salida

Uno pensaría que al ver a Saúl profetizando, las cosas probablemente cambiarían; pero no, no fue así. Al contrario, a Saúl le ocurrió lo mismo que a algunos cristianos de hoy. Que cuanto más cercanos a Cristo parecen estar, cuanto más consagrados a Dios parecen ser, más maltratan a los que los rodean. Así que no, el hecho de que el rey desechado profetizara y estuviera entre profetas no cambió en nada su posición en contra de David.

El guerrero de Israel tuvo que pasar por otras situaciones terribles, aunque algunas de ellas gloriosas, en las que mostró la grandeza de la que estaba hecho aquel que empezó como un pastorcito de ovejas. En su constante huida, ahora David se va a Nob, donde estaba el sacerdote Ahimelec. En ese lugar, David recurre a la astucia para sobrevivir y, a la vez, prepararse para estar listo, para que no lo agarrara nadie desprevenido. Pero hasta ahí llega Saúl persiguiéndolo. A lo que David se ve impelido a salir de aquel lugar y es así como llega ante Aquis, el rey de Gat. ¿Qué? ¿David en Gat? ¡Increíble! Eso es lo más extraño que podía sucederle a un fugitivo: llegar al terreno de su peor enemigo, a tierras de sus opositores naturales. David, el que derrotó a Goliat, ahora estaba en la propia tierra de su archienemigo. En verdad, la vida está llena de sorpresas.

Pero así como no faltaban las sorpresas, no escaseaban tampoco las estrategias del ingenio de David. Cuando el fugitivo se encuentra ante el rey de los filisteos de Gat, un temblor invade todo su ser y más aun cuando oye lo que le dicen los oficiales filisteos a su rey.

Veamos el relato que narra la Palabra de Dios:

«Ese mismo día David, todavía huyendo de Saúl, se dirigió a Aquis, rey de Gat. Los oficiales le dijeron a Aquis: "¿No es este David, el rey del país? ¿No es él por quien danzaban, y en los cantos decían: Saúl mató a sus miles, pero David, a sus diez miles? "Al oír esto, David se preocupó y tuvo mucho miedo de Aquis, rey de Gat. Por lo tanto, fingió perder la razón y, en público, comenzó a portarse como un loco, haciendo garabatos en las puertas y dejando que la saliva le corriera por la barba. Aquis dijo entonces a sus oficiales: "¿Pero qué, no se fijan? ¡Ese hombre está loco! ¿Para qué me lo traen? ¿Acaso me hacen falta más locos, que encima me traen a este para hacer sus locuras en mi presencia? ¡Sáquenlo de mi palacio!"».

—1 Samuel 21:10-15

David no tuvo miramientos a la hora de hacerse pasar por loco para lograr sus objetivos. Y claro que lo logró. Era un hombre de armas tomar. No se amilanó ante las bestias salvajes que atacaban a su rebaño, las mataba con sus propias manos. No se acobardó ante aquel gigante que aterrorizaba a su pueblo por mucho tiempo y al que mató con un armamento artesanal. No se atemorizó ante los ejércitos a los que despedazaba. Sin embargo, sintió miedo ante el rey filisteo en la propia tierra de este. Pero el miedo lo impulsó a salir victorioso de esa prueba.

Narra la Biblia que luego pasó a Adulam y allí empezó a formar su ejército con «todos los afligidos, y todo el que estaba endeudado, y todos los que se hallaban en amargura de espíritu, y fue hecho jefe de ellos; y tuvo consigo como cuatrocientos hombres» (1 Samuel 22:2). David era un hombre visionario. Si no hubiese sido así, por qué se le ocurriría pensar en formar un ejército, cuando era un fugitivo perenne. ¿Qué vio David en todos aquellos menesterosos soldados que se enrolaron en su ejército? Definitivamente vio muchas cosas que a nosotros ni se nos ocurriría pensar.

Sin embargo, las cosas no quedaron ahí. David pasó a Mizpa y luego al bosque de Haret. Entre tanto, Saúl cometió una de las canalladas más horrorosas cuando asesinó a los 85 sacerdotes de Nob e hirió a filo de espada «a hombres como a mujeres, niños hasta los de pecho, bueyes, asnos y ovejas, todo lo hirió a filo de espada» (1 Samuel 22:19) por haber colaborado con David. Saúl, en verdad, se convirtió en un personaje macabro. El odio que destilaba por David lo llevó a cometer actos viles, crueles e inimaginables contra el propio Dios. El rey desechado se encaminaba hacia el basurero de la historia y, peor aun, hacia el basurero espiritual de los que rechazan a Dios, los cuales ya no tendrán ni la más remota posibilidad de salvación.

Una vez más David tuvo que moverse y en esa oportunidad libró a los habitantes de Keila del acoso de los filisteos, pero aquellos a quienes salvó estuvieron dispuestos a entregarlo a Saúl. «David entonces se levantó con sus hombres, que eran como seiscientos, y salieron de Keila, y anduvieron de un lugar a otro. Y vino a Saúl la nueva de que David se había escapado de Keila, y desistió de salir. Y David se quedó en el desierto en lugares fuertes, y habitaba en un monte en el desierto de Zif; y lo buscaba Saúl todos los días, pero Dios no lo entregó en sus manos». Ahí está, aquellos a los que David libró de la muerte estuvieron dispuestos a entregarlo a manos de Saúl, pero el Dios que guiaba a ese hombre conforme al corazón de Dios, «no lo entregó en sus manos». ¡Aleluya!

La mano poderosa de Dios siempre está con los que le sirven de corazón. Veamos lo que sucedió a continuación: «David y su gente estaban en el desierto de Maón, en el Arabá al sur del desierto. Y se fue Saúl con su gente a buscarlo; pero fue dado aviso a David, y descendió a la peña, y se quedó en el desierto de Maón. Cuando Saúl oyó esto, siguió a David al desierto de Maón. Y Saúl iba por un lado del monte, y David con sus hombres por el otro lado del monte, y se daba prisa David para escapar de Saúl; mas

Saúl y sus hombres habían encerrado a David y a su gente para capturarlos. Entonces vino un mensajero a Saúl, diciendo: Ven luego, porque los filisteos han hecho una irrupción en el país. Volvió, por tanto, Saúl de perseguir a David, y partió contra los filisteos. Por esta causa pusieron a aquel lugar por nombre Sela-hama-lecot. Entonces David subió de allí y habitó en los lugares fuertes de En-gadi» (1 Samuel 23:24-29).

David tuvo que sufrir muchas cosas más debido al empecinamiento del rey desechado, al punto que le perdonó la vida dos veces aun cuando sus soldados lo animaban a acabar con Saúl. Pero ese hombre conforme al corazón de Dios era incapaz de tocar al ungido de Dios, como lo hizo saber a los que lo rodeaban.

A estas alturas del juego, uno podría pensar que todo terminaría como los cuentos de hadas, con la reconocida y linda frase: «Así fue que la persecución terminó y todos fueron felices», pero no, nada de eso. Saúl no cesó en su odio hacia David. Odio que no solo lo afectó a él, sino que a causa de ello también arrastró a la muerte a su hijo y querido amigo de David, Jonatán; así como también a Abinadab y a Malquisúa. Su final fue trágico, indigno de un rey puesto directamente por Dios como el primer soberano de su pueblo. Por otro lado, el reinado de David se hizo realidad y comenzó una nueva etapa de su vida como un gobernante ungido por Dios. Sus aciertos fueron muchos, sus errores no pocos, pero ninguno de estos últimos quedó impune, tuvo que pagar el precio de sus pecados. Sin embargo, siempre mostró un corazón contrito y humillado ante su Creador, por eso era un hombre conforme al corazón de Dios.

REPASO DE ESTE CAPÍTULO

David tuvo muchas actitudes poderosas, cualidades que hacían ver su fe impresionante, extraordinaria. Insisto una vez más, recuerde que David fue un hombre llamado conforme al corazón de Dios. Repito, fue llamado por Dios, fue un hombre con un corazón de acuerdo al corazón del Creador. O sea, que el corazón de David era parecido al de Dios. Eso es mucho decir. Como he mencionado muchas veces, tan pronto como leí esa porción bíblica donde dice que en la tierra no había otro hombre conforme al corazón de Dios, me apoderé de esa palabra y le dije a Dios: «Señor, si hubo uno, yo quiero ser el otro. Quiero ser uno de esos que tengan el corazón conforme al tuyo». Y eso fue lo que me llevó a estudiar a David durante tanto tiempo, casi toda mi vida. Como lo he dicho con anterioridad y lo reitero ahora: ese ejemplo de David ha sido una herramienta extraordinaria que Dios ha utilizado conmigo. Ese conocimiento ha sido suficiente para salvarme de muchas, muchas situaciones muy, pero muy difíciles por las que he pasado.

PREGUNTAS

1. ¿Ha tenido usted que salir huyendo de su casa, de algún lugar que considera suyo, a consecuencia de una persecución implacable por parte alguien? Explique.

_____

_____

_____

2. ¿Se ha sentido inseguro dondequiera que está? ¿A qué o a quién ha recurrido?

_____

_____

_____

3. ¿Cuántas veces le perdonó la vida David a Saúl y que alegaba para no asesinarlo?

_____

_____

_____

4. ¿Alguna vez ha considerado acabar con la vida de alguien como lo hizo Saúl con David? Explique.

_____

_____

_____

9

UNA UNCIÓN MUY ESPECIAL Y PERDURABLE

Mi porción es Jehová;
he dicho que guardaré
tus palabras.
—Salmos 119:57

Podríamos hablar mucho acerca de la unción que Dios derramó sobre David y nunca abarcar la totalidad de la influencia que ejerció no solo en la vida de David y los que lo rodeaban, sino también en la de la humanidad —a través de los siglos— y particularmente de la iglesia, e incluso hasta muchos de nosotros hoy en día.

Sin embargo, hay un aspecto de la unción de este hombre que es probable que pase inadvertido para la mayoría de las personas. Se trata de la inspiración que generó en su pensamiento y que lo llevó a convertirse en el autor de gran parte de los salmos que en la actualidad disfrutamos en la adoración al Dios vivo. Ello le permitió ser el adorador de Dios por excelencia. Un hombre que con su arpa y la melodía que ejecutaba calmaba hasta a los demonios. Prueba de ello es evidente en la propia Biblia y hasta en nuestra vida cotidiana cuando elevamos cánticos de alabanza y adoración a nuestro Dios extraídos directamente del Libro de los Salmos.

No se menciona en las Sagradas Escrituras a nadie más tan prolífico en la creación poética sacra como expresión de alabanza y adoración a Dios que David, el único hombre del que se afirma que era conforme al corazón de Dios. Y, señores, pienso que no podía ser de otra manera, puesto que solo una persona con una clase de corazón así era capaz de elaborar la poesía más bella creada por hombre alguno para alabar la grandeza y magnificencia de un Dios como Jehová de los ejércitos, nuestro Dios. Por otro lado, la Septuaginta, que es la versión griega de la Biblia, atribuye 82 salmos a la inspiración de David mientras que la versión hebrea —que usamos nosotros— afirma que David escribió, al menos, 73 salmos.

No sé, francamente, en cuáles de las veinticuatro horas del día, este genio de la poesía podía sentarse a plasmar en palabras esos hermosos, elocuentes y ricos pensamientos dedicados a la adoración de Dios. Solo sabemos que el Dios al que David adoraba era la fuente de inspiración más grande que tenía el salmista. Pienso que él meditaba en Dios en medio de aquellos campos en los que pastoreaba las ovejas. No solo allí, cuando ya era un guerrero victorioso creo que dedicaba sus triunfos a Dios y es posible que hasta celebrara componiendo uno que otro salmo. Es más, creo que aun en sus peores momentos la poesía fluía con más poder en sus pensamientos. Qué gran ejemplo para nosotros hoy, que vivimos en un mundo tan agitado que muchas veces dejamos que el afán nos subyugue y no nos rendimos a la adoración que Dios desea de nosotros.

La unción de David hoy se traduce en nuestros cánticos cotidianos y en toda la expresión de nuestra adoración al Trino Dios. Es más, en cualquier tipo de circunstancia que enfrentemos, podemos acudir a cualquiera de los salmos que este hombre escribió bajo la unción que le daba la inspiración divina para escribir esos poemas. Sé con certeza que David no tenía tiempo para deprimirse pensando en lo injusta que era su vida. Al contrario, en cada situación difícil que se le presentaba —en vez de sumirse en la autoconmiseración, en vez de victimizarse— volcaba toda su ansiedad en Dios y este le infundía el aliento santo con el que escribiría las más hermosas expresiones de adoración a Dios que alguien pudiera imaginarse. Alabo a Dios.

No obstante, hay que decir que David tocaba su instrumento en alabanza a Dios porque, como lo expresó, Dios estaba con él hasta cuando cuidaba las ovejas en el campo. Creo que lo menos en lo que David pensaba cuando tocaba su arpa era en los demonios que afligían a Saúl. Es más, estoy seguro de ello. Hay que recordar que, en esa etapa, David realmente vivía en las manos del Señor Jehová de los ejércitos, ya que aun ejecutando esas divinas melodías tenía que velar por su vida, puesto que en medio de esas alabanzas el perverso Saúl intentó muchas veces asesinarlo.

Es imposible determinar cuándo, dónde y en qué momento preciso este hombre, conforme al corazón de Dios, escribió esa rica poesía de la que es autor. Los estudiosos han podido señalar las circunstancias en que escribió muchos de los salmos ya que las Escrituras mencionan acontecimientos puntuales en los que surgían de manera espontánea muchas de las canciones que hoy son parte del Salterio, que es como se le llama a la colección de los salmos.

Los salmos de David forman parte de la poesía hebrea, un género literario basado en la repetición del mismo pensamiento pero diciéndolo de forma diferente. La complejidad de la poesía hebrea y sus grandes diferencias respecto a otras obras del género la han convertido en un texto muy útil para los efectos de la adoración a Dios. Al contrario que otros muchos tipos de poesía de la época, el uso de la poesía para los textos bíblicos ha permitido que tengamos varias muestras de las principales características de estas obras. Uno de los ejemplos más elocuente de esto es el Salmo 119, que en cada uno de sus versículos menciona palabras sinónimas, como por ejemplo: ley, mandamientos, estatutos, juicios, etc.

El Salmo 119 se distingue de los demás en muchas maneras. Es el salmo más extenso y el capítulo más largo de la Biblia. Sus 176 versos son casi el doble del siguiente capítulo más largo, Números 7 con sus ochenta y nueve versos. Los 176 versos se dividen en veintidós grupos o estrofas de ocho versos. Cada uno de los ocho versículos de una estrofa comienza con la misma letra del alfabeto hebreo. Por lo cual, cada una de esas veintidós letras comienza con ocho versos consecutivos. Las letras están en orden alfabético. Por lo tanto, los versículos 1 al 8 comienzan todos con la letra *aleph*, los versículos 9-16 con *beth*, los versículos 17 a 24 con *gimel* y así sucesivamente hasta el final del salmo.

Los salmos de David los escribió en base a sus experiencias de vida como pastor, músico, guerrero y rey. El Salmo 13, por ejemplo, lo redactó en uno de los momentos de mayor abatimiento que padeció David, cuando pensó que Dios lo había abandonado. Es muy probable que el Salmo 23 se inspirara en el reconocimiento de David ante la influencia protectora que Dios le extendió a través de muchos de sus logros, incluida la derrota de Goliat con solo una honda artesanal y cinco piedras, sugiere James Burton Coffman.

Charles Spurgeon —reconocido como el príncipe de los predicadores— en referencia al Libro de los Salmos, dedicó gran parte de su tiempo a estudiarlo, por lo que escribió una obra titulada *El tesoro de David*, en la que comenta versículo por versículo cada uno de los 150 salmos. Sin embargo, al examinar esa obra, uno se da cuenta de que Spurgeon fue mucho más allá. *El Tesoro de David* no solo trata acerca de los salmos sino que además es una perspectiva teológica de toda la verdad cristiana abarcada en las Escrituras. Spurgeon muestra en su obra que cada una de las grandes doctrinas cristianas aparecen en los salmos.

Y como dije anteriormente en referencia al salmo 23, que personalmente llamaba «la perla de los salmos», Charles Spurgeon escribió lo siguiente: «Este salmo fue escrito por David, probablemente cuando ya era rey, pero aun en esa posición poderosa no olvidaba ni se avergonzaba de su anterior ocupación pastoril». Ese es el hombre cuyo padre ni siquiera recordó que existía a la hora en que el profeta Samuel solicitó que le presentara a sus hijos. David no era nada especial para nadie en aquel momento, excepto para Jehová de los ejércitos. ¡Aleluya!

Así que podemos ver que la influencia de la unción que el profeta Samuel le impuso a David por órdenes expresas de Dios, hace varios siglos, todavía es eficaz para los creyentes en Cristo. ¿Cuándo no ha tenido usted que recurrir a los salmos para hallar consuelo y solaz ante las dificultades que se le presentan en la vida? ¿Cuántas veces no ha aconsejado a alguien que está siendo afligido en gran manera con alguno de los salmos de David? ¿En cuántas ocasiones no ha visto el poder de Dios derramarse en su vida con solo meditar en las maravillas de su ley, como dice el salmo 119?

La fuente de recursos que tenemos los creyentes en el Libro de los Salmos es sencillamente inagotable. Nuestra vida se enriquece más y más cada vez que leemos cualquiera de esos poemas que David escribió bajo la unción fresca del Todopoderoso. En esos cantos sagrados podemos obtener parte del secreto para tener un corazón conforme al Dios. Ese es mi anhelo, mi deseo más sublime: llegar a ser un hombre conforme al corazón de Dios. No me canso de repetirlo, anhelo ser lo que Dios ideó que cada uno de sus hijos fuera. Por eso le animo, querido lector, a buscar al Señor, a inquirir en su santo templo, hasta que le haga una persona conforme al corazón del todopoderoso Dios de Israel. Ese es el propósito de este libro y es el objetivo de Dios con *La unción de David*.

REPASO DE ESTE CAPÍTULO

Se puede hablar mucho acerca de la unción que Dios derramó sobre David y nunca abarcar la totalidad de la influencia que ejerció no solo en la vida de David y los que lo rodeaban, sino también en la de la humanidad —a través de los siglos— y particularmente de la iglesia, e incluso hasta muchos de nosotros hoy en día.

Sin embargo, hay un aspecto de la unción de este hombre que es probable que pase inadvertido para la mayoría de las personas. Se trata de la inspiración que generó en su pensamiento y que lo llevó a convertirse en el autor de gran parte de los salmos que en la actualidad disfrutamos en la adoración al Dios vivo. Ello le permitió ser el adorador de Dios por excelencia. Un hombre que con su arpa y la melodía que ejecutaba calmaba hasta a los demonios. Prueba de ello es evidente en la propia Biblia y hasta en nuestra vida cotidiana cuando elevamos cánticos de alabanza y adoración a nuestro Dios extraídos directamente del Libro de los Salmos.

Preguntas

1. ¿En qué tiempo o en qué condiciones cree usted que David escribía sus salmos? Elabore sobre el tema.

_____

_____

_____

2. ¿En qué modo percibimos la unción de David en nuestros días? Razone sus comentarios y escríbalos.

_____

_____

_____

3. ¿Cuántos salmos componen la colección completa del libro y cuántos escribió el salmista David?

_____

_____

_____

4. En lo personal, ¿le ha sido útil, alguna vez, algún salmo? ¿Ha hallado alivio o bendición al leer uno de ellos? Explique.

_____

_____

_____

_____

EPÍLOGO

Como lo he expresado a lo largo de este libro, he pasado gran parte de mi vida cristiana estudiando a este gran hombre, David. Pienso que podrían escribirse libros completos acerca de este personaje calificado como el hombre conforme al corazón de Dios. Su obra, pasión y muerte son un modelo a seguir por muchos. La grandeza de David lo ha hecho paradigma de lo que significa ser adorador de Dios. El hijo de Isaí que parecía ser menospreciado hasta por su padre, no se detuvo ante las dificultades que se le presentaron en su azarosa vida. No había obstáculo que impidiera el avance del joven David en su camino a la realeza. Reconocido en la antigüedad y respetado en la actualidad, el ejemplo del Rey David aún perdura en la mente no solo de los hebreos y los cristianos sino también en la historia global contemporánea.

La historia de la humanidad exalta a figuras tan distinguidas como los filósofos de la antigua Grecia, Sakya, Egipto y otros lares; los guerreros y los césares del imperio romano, los grandes protagonistas de las diversas etapas que marcaron épocas e influyeron en el mundo con saberes que aún hoy perduran. Sin embargo, insisto, aparte de la Persona que dividió la historia en un antes y un después de él —a saber, Jesús de Nazaret, el único Hijo de Dios—, uno de los individuos más trascendentales en la historia bíblica y hasta en toda la del mundo antiguo —y hasta del actual— es David, el hijo de Isaí, el rey de Jerusalén, la Ciudad Santa.

Desde su temprana juventud hasta el ocaso de su existencia, nuestro personaje —David— modeló el arquetipo de persona que Dios desea que seamos cada uno de sus hijos. En cuanto a ese expreso deseo de Dios al crear al hombre, en lo que respecta meramente a su condición terrena sobre todo, la aparición de David —en escena— dibujó al individuo que el Creador pretendió acabar de moldear en el jardín de Edén. Creo eso firmemente porque ni siquiera de Adán se dijo, en toda la Sagrada Palabra de Dios, que fuese una clase de persona como la que ideó la Deidad; aunque, por supuesto, ese era el propósito divino; y a pesar de que le preparó todo el escenario de la creación con las condiciones necesarias para lograr ese fin. De modo que solamente de David hablan las Santas Escrituras y afirman que era un hombre conforme al corazón de Dios (1 Samuel 13:14 y Hechos 13:22).

Las desventuras y peripecias por las que pasó el hijo de Isaí no tienen comparación en la historia de la humanidad. Creo firmemente y sin duda alguna que solo el Señor Jesús padeció muchísimo más que David, pero parece que eso era un asunto de familia, porque resulta que Jesucristo es parte del linaje de David. Sin embargo, tampoco hay duda de que nosotros también podemos llegar a ser personas conformes al corazón de Dios, porque para eso es que nos creó a su imagen y semejanza. Por eso es que le insto a buscar a Dios en alabanza y adoración con el objeto de lograr lo que él quiere y lo que usted anhela: ser una persona conforme al corazón de Dios.

En medio de tanto caos que impera en el mundo, los creyentes en Cristo nos aferramos a la Palabra de Dios y entonamos salmos en cántico a nuestro Dios todopoderoso para su honra y su gloria. Muchos de esos cantos se inspiran en la rica poesía del salmista. Es por eso que podemos afirmar, con gozo y con alegría, que *La unción de David* aún perdura en nuestros corazones.